Der Wochenend Koch

Der Wochenend Koch

HEUTE WIRD GEKOCHT
WIE IM RESTAURANT

Parragon
Bath • New York • Cologne • Melbourne • Delhi
Hong Kong • Shenzhen • Singapore • Amsterdam

Parragon Books Ltd
Chartist House
15–17 Trim Street
Bath BA1 1HA, UK
www.parragon.com

Realisation der deutschen Ausgabe: trans texas publishing services GmbH, Köln
Übersetzung: Susanne Schmidt-Wussow, Berlin
Lektorat: Şebnem Yavuz, Erpel

ISBN 978-1-4748-1060-9

Printed in China

Hinweis
Sofern die Schale von Zitrusfrüchten benötigt wird, verwenden Sie unbedingt unbehandelte Früchte. Sind Zutaten in Löffeln angegeben, ist immer ein gestrichener Löffel gemeint. Ein Teelöffel entspricht 5 ml, ein Esslöffel 15 ml.

Sofern nicht anders angegeben, wird Vollmilch (3,5 % Fett) verwendet. Es sollte stets frisch gemahlener schwarzer Pfeffer verarbeitet werden.

Bei Eiern und einzelnen Gemüsesorten, z. B. Kartoffeln, verwenden Sie mittelgroße Exemplare. Kinder, ältere Menschen, Schwangere, Kranke und Rekonvaleszenten sollten auf Gerichte mit rohen oder nur leicht gegarten Eiern verzichten.

Die angegebenen Zeiten können von den tatsächlichen leicht abweichen, da je nach verwendeter Zubereitungsmethode und vorhandenem Backofentyp Schwankungen auftreten.

Inhalt

Einleitung

Wochenenden sind wichtig, und kulinarische Abenteuer machen aus den freien Tagen unvergessliche Erinnerungen. Schütteln Sie den Wochenstress ab und schalten Sie mit einer Sammlung umwerfender Rezepte ab, die Ihr Kochrepertoire um eine magische Dimension erweitert. Holen Sie alles aus alltäglichen Zutaten heraus und freuen Sie sich auf neue, unvergessliche Gerichte.

Dieses inspirierende Buch ist ideal für Köchinnen und Köche, die am Wochenende gern kreativ werden und mit aufregenden, neuen Aromen experimentieren. Ob Sie einen gemütlichen Freitagabend zu Hause mit selbst gemachtem Fastfood planen oder Freunde zu einer extravaganten Dinnerparty einladen, in diesem Kochbuch finden Sie alles, was Sie brauchen, wenn das Wochenende vor der Tür steht!

Am Freitagabend wird das Wochenende eingeläutet, daher beginnen wir mit einer tollen Sammlung verführerischer einfacher Gerichte aus der ganzen Welt. Besser kann das Wochenende nicht beginnen! Statt schon wieder beim Pizzaservice anzurufen, zaubern Sie doch mal eine dieser fantastischen Kleinigkeiten, mit denen der Freitagabend sicherlich schon bald zum geliebten Ritual wird.

Damit Sie gut in den Samstag kommen, haben wir eine originelle Auswahl von Frühstücksmöglichkeiten und Mittagessen zusammengestellt, die Ihnen die richtige Grundlage für alles geben, was der Tag mit Ihnen vorhat. In diesem Abschnitt finden Sie eine Vielzahl von Kleinigkeiten, von energiereichen Rezepten, die für die Ausdauer am Wochenende sorgen, über nussige Minimuffins bis zu einer Auswahl an wunderbaren Bagels, Sandwiches und Wraps. Die Fitnessfans unter Ihnen, die den Samstagmorgen gern mit einem Workout beginnen, finden hier auch einige Powerdrinks für den richtigen Kick, bevor es losgeht.

Im Kapitel über Besonderes für den Samstagabend finden Sie alles, was extravagant ist. Es wird die Abenteuerlust in Ihnen wecken und Sie dazu inspirieren, sich richtig ins Zeug zu legen und umwerfende Gerichte für sich und Ihre Lieben zu kochen. Diese tolle Sammlung imponierender, üppiger Hauptgänge und sündhaft köstlicher Desserts wird bei Ihren Gästen wahre Begeisterungsstürme entfachen! Außerdem bietet sie Ihnen die einmalige Gelegenheit, jedes Wochenende zu neuen kulinarischen Ufern aufzubrechen und mit neuen Ideen zu experimentieren.

Es folgt ein Kapitel mit fantastischen Ideen für einen entspannten Sonntagsbrunch. Servieren Sie Eier, Pfannkuchen, Frittatas, Tartes, kalte Platten oder sogar einige freche Cocktails. Mit diesen Rezepten haben Sie die allerbesten Chancen, sich den Ruf zu sichern als Gastgeber oder Gastgeberin der allerbesten Brunches, für die Ihre Freunde gern Schlange stehen werden.

Auch mit einem unserer langen, entspannten Sonntagsessen, für die Sie sich ganz in Ruhe

Zeit nehmen sollten, können Sie glänzen. In diesem Kapitel finden Sie Herzhaftes und Süßes, vom klassischen Braten bis zu langsam geschmorten Gerichten, dazu verlockende Desserts für die Süßschnäbel.

Für alle aufstrebenden Bäckerinnen und Bäcker ist das anschließende Kapitel über Brote besonders geeignet. Dem unverwechselbaren Aroma frisch gebackenen Brotes kann kaum jemand widerstehen. Hier lernen Sie, Brot wie aus dem Bistro für Ihre Gäste zu backen.

Im letzten Kapitel haben wir noch einige Rezepte zum Beispiel für regenerierende Säfte, Energiekekse und Powersnacks zusammengestellt, die die Laune heben und Kraft spenden, damit Sie am Montagmorgen mit Schwung in die neue Woche starten können.

Wenn Sie also ein Fan von gutem Essen sind, der gern mit Rezepten und Zutaten experimentiert, um wahre Köstlichkeiten zu erschaffen, dann wird Ihnen diese kulinarische Reise durch eine tolle Auswahl verlockender Gerichte gefallen.

Die besten Tipps für das Kochen am Wochenende

Nehmen Sie sich am Samstagmorgen Zeit, um auf den Markt zu gehen und das Angebot an kulinarischen Köstlichkeiten und interessanten Lebensmitteln in Augenschein zu nehmen. Auf Wochenmärkten bietet sich meist die Gelegenheit, köstliche Speisen und Getränke direkt beim Erzeuger aus dem Umkreis zu kaufen. Wandern Sie umher, genießen Sie die Aromen der angebotenen Verkostungen und probieren Sie auch einmal neue Zutaten, aus denen Sie am Wochenende verlockende Menüs kochen können.

Es lohnt sich auch, einmal in Hofläden und Spezialitäten- oder Delikatessengeschäften vorbeizuschauen, wenn Sie so etwas in der Nähe haben. Oft gibt es direkt vor der Tür die besten Lebensmittel zu entdecken, nutzen Sie also das Angebot von Erzeugern und Anbietern in Ihrer Nähe. Bestimmte Obst- und Gemüsesorten werden in der entsprechenden Saison oft zum Selbstpflücken angeboten – noch frischer kann man gute Zutaten nicht bekommen.

Das ganze Jahr über findet man auf kleinen Obst- und Gemüsemärkten, was gerade Saison hat, sowie einige ungewöhnlichere Sorten zum Ausprobieren. Auch ein Besuch beim Metzger und Fischhändler lohnt sich oft, wenn Sie etwas Spezielles suchen oder sich einfach inspirieren lassen wollen. Fachhändler geben meistens gern wertvolle Tipps zur Zubereitung verschiedener Fische und Fleischschnitte. Beim Bäcker um die Ecke kann man sich Inspirationen und Ideen für Backwaren holen oder einfach ein leckeres Brot oder Brötchen zum Mittagessen kaufen. Häufig bekommt man dort auch frische Hefe. Viele Supermärkte beschäftigen ebenfalls ausgebildete Fachleute, die in ihrem Zuständigkeitsbereich wertvolle Empfehlungen geben können.

Auf spezialisierten Märkten, Messen und Festivals lassen sich hervorragend neue Trends und Zutaten entdecken. Dabei können die Vielfalt der angebotenen Zutaten sowie die verlockenden Aromen, die in der Luft liegen, die Sinne in einen wahren Rausch versetzen.

Wenn Sie das Glück haben, in der Nähe eines asiatischen, griechischen, italienischen, türkischen, polnischen oder anderen spezialisierten Lebensmittelladens zu wohnen, sehen

Sie sich dort einmal das Angebot an Lebensmitteln an – die große Auswahl bietet Ihnen zahllose Möglichkeiten, in der Küche zu experimentieren. Probieren Sie die angebotenen Verkostungen und nehmen Sie doch einmal etwas mit, das Sie noch nie verwendet haben.

Bevor Sie jedoch einkaufen gehen, sollten Sie ein wenig planen und sich Gedanken über die Mahlzeiten machen, die Sie kochen wollen. Bleiben Sie aber bei der Auswahl von Zutaten flexibel genug, falls eine neue oder interessante Zutat Sie plötzlich in eine andere Richtung führen sollte.

Seien Sie mutig und probieren Sie neue Zubereitungstechniken aus. Sie könnten sich zum Beispiel alle paar Wochenenden das Ziel setzen, eine neue Technik zu lernen und damit ein neues Rezept zu Ihrem wachsenden Repertoire hinzuzufügen. Stellen Sie sich neuen Aufgaben, aber überfordern Sie sich dabei nicht.

Das Wochenende eignet sich auch ideal, um neue Küchenutensilien und -geräte zu testen, die Sie sich kürzlich angeschafft haben. Nehmen Sie sich die Zeit, sich mit dem Gerät vertraut zu machen und herauszufinden, welche kulinarischen Wunderwerke Sie mit seiner Hilfe erschaffen können.

Es ist hilfreich, Ihre Zeit in der Küche zu planen und zu organisieren, damit Sie genügend Raum zum Vorbereiten und Kochen Ihrer Mahlzeit haben, aber auch ausreichend Zeit zum Experimentieren – und natürlich um das Kochen einfach zu genießen. Bereiten Sie, wo immer möglich, im Voraus zu, damit Sie mehr Zeit mit Ihren Freunden verbringen können, oder beteiligen Sie Ihre Gäste an der Zubereitung und genießen Sie ihre Gesellschaft bei einem Bier und dem gemeinsamen Kochen.

Nutzen Sie vor allem dieses tolle Buch, um Ihr Talent weiter zu entfalten und Ihre Gäste mit Ihrer kreativen Kochkunst zu beeindrucken!

Freitagabend

Frisches Fastfood

Es ist Freitagabend, und Sie können nach einer hektischen Arbeitswoche endlich entspannen, abschalten und ein zwangloses Abendessen genießen. Sie möchten natürlich möglichst viel von einem entspannten Abend zu Hause haben – die hausgemachte Version eines klassischen Fastfood-Gerichts ist daher genau das Richtige, weil es schmeckt und satt macht. Die meisten Rezepte sind schnell zubereitet, und die frischen Zutaten, die Sie brauchen, lassen sich nach der Arbeit auf dem Heimweg rasch im Supermarkt oder im Lebensmittelladen besorgen.

Der Freitagabend ist genau richtig, um sich mit einer Gruppe Freunde zu entspannen oder einen ruhigen Abend zu Hause zu verbringen. In diesem Kapitel finden Sie eine Sammlung verlockender Rezepte aus der ganzen Welt für jeden Anlass, sie reichen von Burgern und Pizzas bis zu Spießen und Currys.

Sie können die Gerichte auch mit einfachen, schnell zubereiteten Beilagen aufpeppen: frisches, knuspriges Brot, gedämpfter Reis, gebackene Kartoffelspalten oder Naanbrot, Krautsalat, Blattsalat oder Salat aus Zutaten der Saison mit einem spritzigen Dressing oder auch ein bis zwei Ihrer besten hausgemachten Chutneys, Essiggemüse, Salsasaucen, aromatisiertem Senf oder Mayonnaise. Wenn Sie es gern etwas exotischer mögen, können Sie auch aus unseren Saucenrezepten wählen und beispielsweise Chipotle-Ketchup oder Chipotle-Senf servieren.

Mit diesen Rezepten sind Sie für alles gewappnet. Laden Sie Freunde ein und beeindrucken Sie sie mit einem Lieblingsgericht – wie wäre es mit Cheeseburger mit Pommes Frites oder dem britischen Klassiker Fisch im Bierteig & Chips?

Wenn eine spontane oder zwanglose Dinnerparty eher Ihre Vorstellung eines gelungenen Freitagabends trifft, locken Sie Ihre Gäste doch einmal mit aromatischen Gerichten aus aller Welt an den Tisch, zum Beispiel mit Chow Mein mit Huhn aus China, Schweinefilet Pad Thai aus Thailand oder Fajitas mit Schwein & Chili aus Mexiko.

Für den großen Appetit und alle, die es gern würzig mögen, sind Rezepte wie Kolossale Lammspieße mit scharfer Chilisauce oder Scharfe Chicken Wings mit Blauschimmelkäse-Dressing genau das Richtige.

Wenn Sie es sich dagegen am Freitagabend gern mit einem Film auf dem Sofa gemütlich machen, begleiten raffinierte Snacks wie Rosmarinpopcorn mit Salz & Sesam oder Gemüsechips mit Kräuter-Knoblauch-Dip Sie gern dabei.

In diesem Kapitel findet jeder das Richtige für einen entspannten Freitagabend, ob allein oder in Gesellschaft. Im Abschnitt über clevere Vorratshaltung finden Sie außerdem noch zusätzliche Tipps, wie Sie rasch und ohne viel Aufwand auch schnellen Gerichten ein besonderes Aroma verleihen können.

Wenn die Arbeitswoche zu Ende geht und der Freitagabend das Wochenende einläutet, brauchen Sie also nur noch zu entscheiden, für welches Essen Sie in Stimmung sind, ein Rezept auszuwählen, sich etwas Kühles einzugießen, Ihre Lieblingsmusik aufzulegen und beim Kochen Ihrer Kreativität freien Lauf zu lassen!

Cheeseburger mit Pommes frites

Das Geheimnis richtig guter Pommes besteht darin, sie zweimal zu frittieren. Der Aufwand lohnt sich auf jeden Fall, denn diese köstlichen selbst gemachten Pommes frites sind die ideale Beilage zum saftigen Cheeseburger aus der Grillpfanne.

FÜR 4 PERSONEN
Garzeit: 40–55 Min.

Cheeseburgers

750 g frisches Rinderhackfleisch
1 Würfel Rinderbrühe
1 EL gehackte getrocknete Zwiebeln
2 EL Wasser
1–2 EL Sonnenblumenöl
50 g geriebener Gouda oder Emmentaler
einige Salatblätter
4 Hamburgerbrötchen
Tomatenscheiben
Salz und Pfeffer

Pommes frites

700 g große Kartoffeln
Sonnenblumen-, Erdnuss- oder Pflanzenöl, zum Frittieren
Salz und Pfeffer

1. Für die Pommes frites die Kartoffeln schälen und in 8 cm lange fingerdicke Stifte schneiden. Die Kartoffelstifte 30 Minuten in eine Schüssel mit kaltem Wasser legen, um die Stärke auf den Schnittflächen zu entfernen.

2. In der Zwischenzeit für die Cheeseburger das Fleisch in eine große Schüssel geben. Den Brühwürfel fein zerbröseln und mit Zwiebeln und Wasser zum Fleisch geben. Gut vermengen und nach Belieben mit Salz und Pfeffer würzen.

3. Die Fleischmischung in vier Portionen teilen und zu je einem flachen, dicken Patty formen.

4. Eine Grillpfanne auf mittlerer Stufe erhitzen. Die Pattys mit dem Öl einpinseln, in die Pfanne geben und 5–6 Minuten braten. Die Burger wenden, den Käse auf die gebratene Seiten streuen und weitere 5–6 Minuten braten, bis das Fleisch gar ist. Vom Herd nehmen und warm halten.

5. Inzwischen die Kartoffelstifte abgießen, abspülen und mit einem Küchentuch trocken tupfen. In einem großen, schweren Topf oder einer Fritteuse ausreichend Öl auf 190 °C erhitzen. Falls kein Thermometer verfügbar ist, die Temperatur testen, indem man ein Kartoffelstäbchen ins Öl gibt. Wenn es auf den Boden sinkt, ist das Öl noch nicht heißt genug. Wenn das Kartoffelstäbchen an der Oberfläche sprudelnd gart, hat das Öl die richtige Temperatur.

6. Die Kartoffelstifte portionsweise vorsichtig in das Öl geben und 5–6 Minuten frittieren, bis sie leicht gebräunt sind. Dann aus dem Öl heben und auf Küchenpapier abtropfen lassen.

7. Mindestens 5 Minuten abkühlen lassen. Alle Kartoffelstifte auf diese Weise frittieren, dabei darauf achten, dass die Temperatur des Öls immer konstant bleibt.

8. Das Öl auf 200 °C erhitzen und die Kartoffeln erneut 2–3 Minuten frittieren, bis sie goldbraun und knusprig sind. Herausheben und auf Küchenpapier abtropfen lassen.

9. Zum Servieren die Salatblätter auf den unteren Brötchenhälften verteilen und die Burger darauflegen. Einige Tomatenscheiben darübergeben und die oberen Brötchenhälften daraufsetzen. Die Pommes frites großzügig mit Salz und Pfeffer würzen und sofort zusammen mit den Cheeseburgern servieren.

Fisch im Bierteig & Chips

Die Kohlensäure im Bier verlieht der extraknusprigen Teighülle um die saftigen Fischfilets gleichzeitig Substanz und Leichtigkeit. Zusammen mit handgeschnittenen Pommes und Erbsenpüree schmeckt dieser britische Klassiker am besten in geselliger Runde.

FÜR 4 PERSONEN
Vorbereitung: 30 Minuten, plus Kühlen und Ruhen
Garzeit: 35–40 Minuten

Pflanzenöl, zum Frittieren

6 große Kartoffeln, in Stifte geschnitten, gewässert und abgetropft (siehe Seite 17)

4 dicke Dorschfilets (à 175 g)

Salz und Pfeffer

Zitronenspalten, zum Servieren

Teig

225 g Mehl, plus etwas mehr zum Bestäuben

2¼ TL Backpulver

½ TL Salz

300 ml kaltes helles Bier

Erbsenpüree

350 g Erbsen, Tiefkühlware aufgetaut

30 g Butter

2 EL Schlagsahne

Salz und Pfeffer

---

1. Für den Teig das Mehl mit Backpulver und Salz in eine Schüssel sieben und mit dem größten Teil des Biers verrühren, dann das restliche Bier einrühren. Der Teig soll eine dickflüssige Konsistenz haben. 30 Minuten in den Kühlschrank stellen.

2. Für das Erbsenpüree die Erbsen in leicht gesalzenem Wasser 3 Minuten garen. Abgießen und pürieren. Butter und Sahne unterrühren und mit Salz und Pfeffer abschmecken. Beiseitestellen und warm halten.

3. Das Öl in einer Fritteuse mit Thermostat auf 120 °C erhitzen. Den Backofen auf 150 °C vorheizen. Die Kartoffelstäbchen etwa 8–10 Minuten frittieren, bis sie weich, aber noch nicht gebräunt sind. Aus dem Öl nehmen und kurz auf Küchenpapier abtropfen lassen. In eine Auflaufform geben und in den warmen Ofen stellen. Die Temperatur des Öls auf 180 °C erhöhen.

4. Inzwischen den Fisch mit Salz und Pfeffer würzen und mit etwas Mehl bestäuben. 1 Filet in den Teig tauchen. Es soll dick umhüllt sein. Vorsichtig ins heiße Öl geben. Mit den anderen Filets ebenso verfahren. Je nach Größe der Fritteuse die Filets in Portionen garen. 8–10 Minuten frittieren, nach der Hälfte der Zeit wenden. Aus dem Öl nehmen und warm halten.

5. Das Öl wieder auf 180 °C erhitzen und die vorfrittierten Kartoffelstäbchen 2–3 Minuten goldbraun frittieren. Abtropfen lassen und mit Salz und Pfeffer würzen. Sofort mit dem gebackenen Fisch und Erbsenpüree servieren. Dazu Zitronenspalten zum Beträufeln reichen.

Pizza Margherita

Bereiten Sie den Teig für diese leckere Pizza zu, sobald Sie von der Arbeit nach Hause kommen, und lassen Sie ihn gehen, während Sie sich entspannen. Dann nur noch den Belag vorbereiten, und schon ist die perfekte Freitagabendpizza im Ofen!

FÜR 2 PERSONEN
Vorbereitung: 40 Minuten, plus Gehen
Garzeit: 40–50 Minuten

15 g Butter
1 EL Olivenöl, plus etwas mehr zum Bestreichen und Beträufeln
1 kleine Zwiebel, fein gehackt
1 Knoblauchzehe, fein gehackt
½ Selleriestange, fein gehackt
200 g gehackte Tomaten aus der Dose
1 EL Tomatenmark
brauner Zucker, zum Abschmecken
1 EL frisch gehacktes Basilikum
3 EL Wasser
150 g Mozzarella, in Scheiben
4 Tomaten, in Scheiben
1 frischer Basilikumstängel
2 EL frisch geriebener Parmesan
Salz und Pfeffer

Pizzateig

250 g Weizenmehl (Type 550), plus etwas mehr zum Bestäuben
1 TL Salz
½ TL Trockenbackhefe
1 EL Olivenöl, plus etwas mehr zum Einfetten
150 ml lauwarmes Wasser

1. Für den Pizzateig Mehl und Salz in eine Schüssel sieben, dann die Hefe unterrühren. Eine Mulde in die Mitte drücken, Öl sowie lauwarmes Wasser hineingießen und alles zu einem weichen Teig verbinden. Auf eine leicht bemehlte Arbeitsfläche geben und mit den Händen 10 Minuten zu einem glatten, elastischen Teig kneten. Den Teig zu einer Kugel formen, in einen eingefetteten Frischhaltebeutel geben und an einem warmen Ort etwa 1 Stunde gehen lassen, bis sich das Volumen verdoppelt hat.

2. Die Butter mit dem Öl in einem Topf zerlassen. Zwiebel, Knoblauch und Sellerie darin bei geringer Hitze 5 Minuten unter Rühren weich dünsten. Tomaten, Tomatenmark, Zucker nach Geschmack, Basilikum und Wasser einrühren, dann mit Salz und Pfeffer würzen. Auf mittlere Hitze erhöhen, zum Kochen bringen und bei reduzierter Hitze unter gelegentlichem Rühren 15–20 Minuten köcheln lassen, bis die Sauce eindickt. Vom Herd nehmen und beiseitestellen.

3. Unterdessen den Backofen auf 220 °C vorheizen. Ein Backblech mit Öl einfetten. Den Teig abschlagen und auf einer leicht bemehlten Arbeitsfläche kurz durchkneten. Kreisförmig ausrollen und auf das vorbereitete Blech legen. Den Teigrand rundum leicht erhöhen.

4. Den Pizzaboden bis zum Rand mit der Tomatensauce bestreichen. Abwechselnd mit Mozzarella- und Tomatenscheiben belegen. Die Basilikumblätter grob zerzupfen und auf der Pizza verteilen. Dann mit dem Parmesan bestreuen, mit etwas Öl beträufeln und 15–20 Minuten im Ofen backen, bis die Pizza goldgelb und knusprig ist. Sofort servieren.

Lamm-Pita-Burger mit Tahinisauce

Leicht gerösteter und gemahlener Kreuzkümmel verleiht diesen verlockenden Lamm-Burgern ein feines, würziges Aroma. In einzelnen runden Pita-Broten serviert, wirken sie noch appetitlicher als in halbierten ovalen Brötchen.

FÜR 6 PERSONEN
Vorbereitung: 20–25 Minuten
Garzeit: 10–14 Minuten

450 g frisches Lammhackfleisch
3 EL fein gehackte rote Zwiebel
1 EL frisch gehackter Koriander, plus einige Blätter zum Garnieren
1 EL Salz
½ EL Pfeffer
½ EL gemahlener Kreuzkümmel
3 große Pita-Brote, erwärmt, halbiert und zu Taschen geöffnet
Tomatenscheiben
Gurkenscheiben
Olivenöl, zum Beträufeln

Tahinisauce

90 g Tahini (Sesampaste)
90 g Naturjoghurt
1 Knoblauchzehe, fein gehackt
Salz und Pfeffer

1. Den Backofengrill auf hoher Stufe vorheizen. Das Lammfleisch in eine Schüssel geben und mit Zwiebel, Koriander, 1 Teelöffel Salz, ½ Teelöffel Pfeffer und Kreuzkümmel vermengen.

2. Die Mischung in sechs gleich große Portionen teilen und zu je einem Patty von 7,5 cm Ø formen. In eine mit Alufolie ausgelegte ofenfeste Grillpfanne geben.

3. Die Pfanne unter den vorgeheizten Grill stellen und die Pattys von jeder Seite 5–7 Minuten grillen, bis sie gar und gebräunt sind.

4. Für die Tahinisauce Tahini, Joghurt und Knoblauch in eine Schüssel geben, mit Salz und Pfeffer würzen und vermischen.

5. Die Burger in die Pita-Brote geben und mit der Sesamsauce beträufeln. Tomaten- und Gurkenscheiben sowie Korianderblätter dazugeben, mit etwas Öl beträufeln und sofort servieren.

Chow Mein mit Huhn

Nutzen Sie den Freitagabend doch mal für ein kulinarische Reise nach China! Dieses klassische chinesische Fastfood lässt sich ganz bequem in wenigen Minuten in der eigenen Küche zubereiten – das ideale Freitagabendessen!

FÜR 4 PERSONEN
Vorbereitung: 15 Minuten
Garzeit: 17 Minuten

250 g mittelfeine chinesische Eiernudeln

2 EL Sonnenblumenöl

280 g gekochtes Hähnchenbrustfilet, grob zerkleinert

1 Knoblauchzehe, fein gehackt

1 rote Paprika, in dünne Streifen geschnitten

100 g Shiitake-Pilze, in Scheiben geschnitten

6 Frühlingszwiebeln, in Ringe geschnitten

100 g Bohnensprossen

3 EL Sojasauce

1 EL Sesamöl

1. Die Nudeln nach Packungsangabe garen. Abgießen, gut abtropfen lassen und beiseitestellen.

2. Einen Wok auf mittlerer Stufe erhitzen und das Öl hineingießen. Fleischstücke, Knoblauch, Paprika, Pilze, Frühlingszwiebeln und Sprossen dazugeben und 5 Minuten unter ständigem Rühren braten.

3. Die Nudeln in den Wok geben, alles gut vermischen und weitere 5 Minuten unter Rühren braten. Sojasauce und Sesamöl darüberträufeln und alles gründlich vermengen. Auf vorgewärmte Schalen verteilen und sofort servieren.

Grünes Thai-Curry mit Udon & Huhn

Dieses authentische grüne Thai-Curry ist in weniger als 1 Stunde zubereitet und bringt frische Aromen und leuchtend grüne Gartenkräuter auf den Tisch. Servieren Sie dazu einen erfrischenden, knackigen Gurkensalat.

FÜR 4 PERSONEN
Vorbereitung: 20–25 Minuten, plus Kühlen
Garzeit: 25–28 Minuten

1 EL Pflanzenöl
1 Schalotte, gewürfelt
1–3 TL thailändische grüne Currypaste
425 ml Kokosmilch aus der Dose
1 EL thailändische Fischsauce
Saft von 1 Limette
1 EL Rohrzucker
25 g frische Basilikumblätter
25 g frische Korianderblätter
450 g frische Udon-Nudeln
350 g gegartes Hähnchenfleisch, in Stücke zerzupft
3 Frühlingszwiebeln, in dünne Ringe geschnitten, zum Garnieren

1. Das Öl in einer beschichteten Pfanne auf mittlerer Stufe erhitzen. Die Schalotte hineingeben und 5 Minuten dünsten. Die Currypaste zufügen und unter Rühren 1 Minute braten.

2. Die Dose mit der Kokosmilch öffnen und die dicke Creme, die sich oben abgesetzt hat, abschöpfen. Die Kokoscreme mit Fischsauce, Limettensaft und Zucker in die Pfanne geben. Unter häufigem Rühren 1–2 Minuten kochen.

3. Die restliche Kokosmilch zugießen und alles zum Kochen bringen. Auf niedrige Hitze reduzieren und unter gelegentlichem Rühren 5 Minuten köcheln lassen, bis die Sauce eindickt. Vom Herd nehmen und leicht abkühlen lassen.

4. Den Pfanneninhalt in eine Küchenmaschine geben, Basilikum und Koriander zufügen und alles zu einer glatten, hellgrünen Sauce verarbeiten. In die Pfanne zurückgießen und auf niedriger bis mittlerer Stufe wieder heiß werden lassen.

5. Die Nudeln nach Packungsangabe garen und in eine große Servierschüssel geben.

6. Fleisch und Sauce über die Nudeln geben und alles gut mischen. Mit den Frühlingszwiebeln garniert sofort servieren.

Vegetarisches Bengali-Curry

Ein aromatisches Curry aus verschiedenen Gemüsesorten, dazu ein wenig lockerer Reis, und fertig ist das außergewöhnliche vegetarische Gericht, mit dem sich das Ende einer arbeitsreichen Woche würdig feiern lässt.

FÜR 2 PERSONEN
Vorbereitung: 20–25 Minuten, plus Quellen
Garzeit: 28–35 Minuten

6 EL weiße Mohnsaat (Khus Khus)
3 EL schwarze Senfkörner
2 EL frisch geriebene Ingwerwurzel
4 EL Pflanzen- oder Erdnussöl
2 frische grüne Chilis, längs halbiert
1 EL Panch Phoron
200 g Bittergurke (Kerala) oder Kürbisfleisch, in 1,5 cm große Würfel geschnitten
2 Kartoffeln, geschält und in 1,5 cm große Würfel geschnitten
1 Aubergine, in 1,5 cm große Würfel geschnitten
1 Zucchini, in 1,5 cm große Würfel geschnitten
1 Karotte, in 1,5 cm große Würfel geschnitten
1 Tomate, fein gehackt
100 g frische oder gefrorene Erbsen
400 ml kaltes Wasser
¼ TL gemahlene Kurkuma
2 TL Salz
1 TL Palmzucker
125 ml Milch

1. Die Mohnsaat zusammen mit 2 Esslöffeln Senfkörnern 1 Stunde in warmem Wasser quellen lassen. Abgießen und mit dem Ingwer zu einer Paste pürieren.

2. Das Öl in einer großen Pfanne erhitzen und die restlichen Senfkörner mit den Chilis zugeben. Wenn die Senfkörner zu platzen beginnen, Panch Phoron und alle Gemüsesorten hineingeben. Die Hälfte des Wassers zugießen und gut verrühren. Den Deckel auflegen und unter häufigem Rühren 10–12 Minuten bei mittlerer Hitze kochen.

3. Die Hälfte der Mohn-Senfkörner-Paste mit Kurkuma und Salz zufügen. Das restliche Wasser zugießen und unter häufigem Rühren bei niedriger bis mittlerer Stufe weitere 10–15 Minuten kochen.

4. Die restliche Mohn-Senfkörner-Paste, Palmzucker und Milch zugeben und weitere 5 Minuten kochen, bis das Gemüse weich ist. Die Chilihälften entfernen und heiß servieren.

2

3

4

Schweinefilet Pad Thai

Dieses beliebte thailändische Nudelgericht mit Schweinefleisch lässt sich gut zu Hause zubereiten und ist damit eine ideale Wahl für ein gemütliches Abendessen mit Freunden. Mit dieser herrlichen Mischung frischer Aromen beeindrucken Sie Ihre Gäste garantiert.

FÜR 4 PERSONEN
Vorbereitung: 20 Minuten
Garzeit: 15–20 Minuten

225 g dicke Reisnudeln
2 EL Erdnuss- oder Pflanzenöl
4 Frühlingszwiebeln, grob gehackt
2 Knoblauchzehen, zerdrückt
2 rote Chilis, entkernt und in dünne Ringe geschnitten
225 g Schweinefilet, pariert und in dünne Scheiben geschnitten
120 g gekochte, ausgelöste Riesengarnelen
Saft von 1 Limette
2 EL thailändische Fischsauce
2 Eier, verquirlt
50 g frische Bohnensprossen
1 Handvoll frisch gehackter Koriander
50 g ungesalzene Erdnüsse, gehackt
Limettenspalten, zum Servieren (nach Belieben)

1. Die Nudeln nach Packungsangabe garen. Dann abgießen, abtropfen lassen und beiseitestellen.

2. Einen Wok auf mittlerer bis hoher Stufe erhitzen, dann das Öl hineingießen. Frühlingszwiebeln, Knoblauch und Chilis zufügen und 1–2 Minuten dünsten. Das Fleisch dazugeben und bei starker Hitze 1–2 Minuten braten, bis es gebräunt ist.

3. Garnelen, Limettensaft, Fischsauce und Eier zufügen und unter Rühren bei mittlerer Hitze 2–3 Minuten braten, bis die Eier gestockt und die Garnelen durcherhitzt sind.

4. Bohnensprossen, den Großteil des Korianders, Erdnüsse und Nudeln zufügen und 30 Sekunden braten, bis alles heiß ist. Mit dem restlichen Koriander und nach Belieben mit Limettenspalten garnieren und sofort servieren.

Ketchup mit Kick

ERGIBT ETWA 600 ML
Vorbereitung: 20–30 Minuten
Garzeit: 2½ Stunden

2,25 kg vollreife Tomaten, grob gehackt
2 rote Jalapeño-Chilis, grob gehackt
1 Gemüsezwiebel, grob gehackt
1 TL Salz, plus etwas mehr zum Abschmecken
1 TL Fenchelsamen
1 TL schwarze Senfsaat
250 ml Apfel- oder Weißweinessig
100 g Rohrzucker
1 Zimtstange
½ TL frisch geriebene Muskatnuss
½ TL Paprikapulver edelsüß
1–3 TL Cayennepfeffer
Pfeffer

1. Tomaten, Chilis, Zwiebel und Salz in einem Topf auf höchster Stufe unter Rühren garen, bis die Tomaten zerfallen. Dann auf niedriger Stufe zugedeckt 30 Minuten köcheln lassen, bis die Tomaten sehr weich sind.

2. Unterdessen die Fenchel- und Senfsamen auf ein Stück Musselin geben, daraus ein Säckchen binden und beiseitelegen.

3. Die Tomatenmischung durch ein Sieb in einen großen Topf streichen. Dabei die Masse mit einem Holzlöffel durch das Sieb drücken, um so viel Püree wie möglich zu erhalten.

4. Gewürzsäckchen, Essig, Zucker, Zimtstange, Muskat, Paprikapulver und Cayennepfeffer hinzufügen und mit Pfeffer abschmecken; so lange rühren, bis der Zucker sich aufgelöst hat. Die Mischung zum Kochen bringen und auf niedriger Stufe ohne Deckel 1½ Stunden köcheln lassen, bis die Sauce eindickt; dabei, wenn nötig, den Schaum abschöpfen.

5. Gewürzsäckchen und Zimtstange entfernen. In eine Schüssel geben und vollständig abkühlen lassen.

6. Den Ketchup sofort verwenden oder in einem luftdichten Behälter bis zu 1 Monat im Kühlschrank aufbewahren.

Scharfe Sweet-Chili-Sauce

ERGIBT ETWA 150 ML
Vorbereitung: 15 Minuten
Garzeit: 25 Minuten

4 frische rote Jalapeño-Chilis, halbiert
2 große Knoblauchzehen, grob gehackt
4-cm-Stück frische Ingwerwurzel, grob gehackt
150 ml Reiswein oder Apfelessig
150 g Zucker
150 ml Wasser
2 EL Chiliflocken
¼ TL Salz

1. Chilis, Knoblauch und Ingwer in der Küchenmaschine mit der Pulsefunktion fein hacken, aber nicht pürieren. Falls nötig, zwischendurch die Chilimasse von den Wänden hinunterschaben. Alternativ die Zutaten mit einem scharfen Messer sehr fein hacken.

2. Essig, Zucker und Wasser zufügen und alles gut vermengen.

3. Die Mischung in einen schweren Topf geben und auf höchster Stufe erhitzen. Chiliflocken und Salz zugeben und so lange rühren, bis sich der Zucker aufgelöst hat.

4. Ohne Rühren zum Kochen bringen. Unter gelegentlichem Rühren – damit die Sauce nicht am Topfboden ansetzt – auf mittlerer bis niedriger Stufe 20 Minuten köcheln lassen, bis die Sauce eingedickt ist.

5. Die Sauce in eine Schüssel geben und unter gelegentlichem Umrühren vollständig auskühlen lassen. Sie kann sofort verwendet oder in einem luftdichten Behälter bis zu 2 Wochen im Kühlschrank aufbewahrt werden.

Fajitas mit Schwein & Chili

Diese köstlichen Fajitas eignen sich ideal für ein kleines Treffen mit Freunden. Wenn die verschiedenen Zutaten erst zubereitet und gegart sind, kann jeder einfach seine eigenen Fajitas zusammenstellen und sich ganz dem Genuss hingeben.

FÜR 4 PERSONEN
Vorbereitung: 25 Minuten
Garzeit: 20–25 Minuten

1 EL Chipotle-Chilipulver
2 TL Rohrzucker
1 TL Salz
1 TL gemahlener Kreuzkümmel
1 TL getrockneter Oregano
½ TL Knoblauchpulver
1 Schweinefilet, in 1 cm dünne Streifen geschnitten
2 Scheiben Frühstücksspeck, gewürfelt
1 EL Olivenöl
1 Zwiebel, in Streifen geschnitten
1 rote Paprika, in Streifen geschnitten
1 gelbe Paprika, in Streifen geschnitten
1 EL Knoblauchpüree

Zum Servieren

8–12 Weizenmehl-Tortillas
Salsa
Guacamole oder Avocadostücke
saure Sahne
frische Korianderstängel
Limettenhälften, zum Ausdrücken

1. Den Backofen auf 200 °C vorheizen.

2. Chilipulver, Zucker, Salz, Kreuzkümmel, Oregano und Knoblauchpulver in einer kleinen Schüssel vermengen.

3. Schweinefiletstreifen und Speckwürfel mit der Gewürzmischung in eine große Schüssel geben und vermengen.

4. Das Öl in einer großen Pfanne auf mittlerer bis hoher Stufe erhitzen. Schweinefilet und Speck in die Pfanne geben (falls die Pfanne zu voll wird, eventuell in zwei Portionen garen) und unter Rühren 4–5 Minuten braten, bis das Fleisch gebräunt ist. Aus der Pfanne auf einen Teller füllen.

5. Zwiebel, Paprika und Knoblauchpüree in die Pfanne geben und etwa 4 Minuten garen, bis das Gemüse weich wird. Das Fleisch zurück in die Pfanne füllen und gar braten.

6. Inzwischen die Tortillas in Alufolie wickeln und 5 Minuten im vorgeheizten Ofen erwärmen.

7. Die Fleischmischung in eine Servierschüssel geben. Sofort mit warmen Tortillas, Salsa, Guacamole, saurer Sahne, Korianderstängeln und Limettenhälften servieren. Die Fajitas von den Gästen selbst zusammenstellen lassen und heiß verzehren.

Kolossale Lammspieße mit scharfer Chilisauce

Würzige Lammstücke aus der Grillpfanne werden auf warmem Fladenbrot mit scharfer Chilisauce und Joghurt zu einem verlockenden Freitagabendgericht – ideal für den großen Hunger, noch besser aber zum Teilen für zwei.

ERGIBT 1
Vorbereitung: 20 Minuten
Garzeit: 9–11 Minuten

500 g Lammkeule, entbeint und gewürfelt
2 EL Olivenöl
1 TL getrockneter Thymian
1 TL Paprikapulver
1 TL gemahlener Kreuzkümmel
1 großes, dünnes Fladenbrot
1 kleine rote Zwiebel, in Ringe geschnitten
1 Tomate, gehackt
1 kleines Bund Koriander, frisch gehackt
½ Zitrone
Salz und Pfeffer
thailändische Sriracha-Sauce oder eine andere scharfe Chilisauce und Naturjoghurt, zum Servieren

1. In einer Schüssel das Fleisch mit Olivenöl, Thymian, Paprika, Kreuzkümmel, Salz und Pfeffer mischen.

2. Eine große Grillpfanne oder einen Holzkohlegrill vorheizen.

3. Die Fleischwürfel auf lange Spieße schieben und in der vorgeheizten Pfanne von jeder Seite 4–5 Minuten (oder nach Geschmack) braten.

4. Eine große Pfanne ohne Fett erhitzen und das Fladenbrot darin kurz von beiden Seiten erwärmen.

5. Das Fleisch von den Spießen nehmen. Auf das Fladenbrot legen, mit Zwiebel, Tomate und Koriander garnieren. Die Zitrone darüber ausdrücken und sofort mit Chilisauce und Naturjoghurt servieren.

Scharfe Chicken Wings mit Blauschimmelkäse-Dressing

Wenn Sie nach einer hektischen Arbeitswoche müde nach Hause kommen, wecken diese heißen, scharfen gegrillten Chicken Wings, die mit cremigem Blauschimmelkäse-Dressing serviert werden, garantiert wieder die Geschmacksnerven.

FÜR 4 PERSONEN
Vorbereitung: 30 Minuten, plus Marinieren
Garzeit: 30–35 Minuten

4 EL Ahornsirup

1 EL scharfe Chilisauce

24 Chicken Wings, die Spitzen abgeschnitten, jeder Flügel am „Ellenbogen“gelenk in 2 Teile geteilt

Sonnenblumenöl, zum Bestreichen

Salz und Pfeffer

Blauschimmelkäse-Dressing

125 g Blauschimmelkäse

1 EL scharfer Senf

300 g saure Sahne

2 EL Schnittlauchröllchen

Salz und Pfeffer

1. Ahornsirup und Chilisauce in einer großen Schüssel verrühren. Mit Salz und Pfeffer abschmecken.

2. Die Chicken Wings zugeben und mit der Saucenmischung einreiben. 30 Minuten bei Zimmertemperatur ruhen lassen. Wenn sie schon am Vortag marinieren sollen, die Schüssel mit Frischhaltefolie abdecken und bis 30 Minuten vor dem Grillen im Kühlschrank aufbewahren.

3. Den Backofengrill auf höchster Stufe vorheizen. Den Rost mit Öl bestreichen.

4. Die Chicken Wings mit der fleischigen Seite nach unten auf den Rost legen; dieser sollte etwa 12 cm Abstand von der Hitze haben. 20 Minuten grillen, dabei gelegentlich mit etwas übrig gebliebener Marinade bestreichen.

5. Die Chicken Wings wenden, wieder mit Marinade bestreichen und weitere 10–15 Minuten grillen, bis die Haut goldbraun ist und klarer Fleischsaft austritt, wenn man in die dickste Stelle des Fleisches sticht.

6. Unterdessen für das Dressing den Käse in der Küchenmaschine mit Senf und saurer Sahne mixen. Den Schnittlauch einarbeiten und mit Salz und Pfeffer abschmecken. Bis zum Servieren abdecken und kalt stellen.

7. Die Chicken Wings heiß, zimmerwarm oder gekühlt mit dem Dressing servieren.

Clevere Vorratshaltung

Einen ausreichenden Vorrat an Grundzutaten sollte man immer im Haus haben – das hilft sehr, nach einer harten Arbeitswoche rasch etwas Leckeres zu zaubern. Vor allem mit Gewürzen kann man einfach und wirkungsvoll simplen Gerichten ein besonderes Aroma verleihen und hat so mehr Zeit, am Freitagabend in aller Ruhe zu entspannen.

Gewürze gibt es viele – wählen Sie mit Bedacht und legen Sie sich einen kleinen Vorrat an regelmäßig verwendeten Gewürzen sowie einigen getrockneten Kräutern an. Ideal eignen sich dazu beispielsweise Piment, Kümmelsamen, Kardamomkapseln, Cayennepfeffer, Chilipulver, Zimt, Gewürznelken, Koriandersamen, Kreuzkümmelsamen, Currypaste oder -pulver, Fenchelsamen, Bockshornkleesamen, Garam masala, Ingwerpulver, Lebkuchengewürz, Senfsaat, Muskatnuss, Paprikapulver, Sternanis, Sumach und Kurkuma. Folgende Kräuter eignen sich gut für die Vorratshaltung: Lorbeerblätter, Majoran, Oregano, Rosmarin, Salbei, Estragon und Thymian oder Zusammenstellungen wie italienische Kräutermischung. Das beste Aroma erhalten Sie, wenn Sie hochwertige unzerkleinerte Gewürze kaufen und sie mit einer sauberen elektrischen Kaffeemühle (nur für Gewürze benutzt) oder einer Gewürzmühle selbst mahlen. Alternativ können Sie sie auch im Mörser zerstoßen, das ist allerdings etwas anstrengender! Kaufen Sie Gewürze am besten in relativ kleinen Mengen, da sie nach und nach ihr Aroma verlieren, und mahlen Sie sie jedes Mal frisch. Wenn Sie fertig gemahlene Gewürze verwenden, lagern Sie diese in luftdicht abgeschlossenen Behältern oder Schraubgläsern an einem kühlen, dunklen, trockenen Ort und ersetzen Sie die Gewürze etwa alle sechs Monate, da sie dann nicht mehr so aromatisch sind. Das gilt auch für getrocknete Kräuter.

Vor dem Mahlen sollten die Gewürze in einer schweren Pfanne einige Minuten trocken geröstet werden, bis sie duften. Erst so setzen sie ihr ganzes Aroma frei.

Indische und chinesische Supermärkte sind hervorragende Quellen sowohl für frische als auch für getrocknete Gewürze und Kräuter, aber inzwischen bieten auch viele Supermärkte eine große Auswahl davon an, genau wie viele Feinkostläden und spezialisierte Onlinehändler.

Fertige getrocknete Gewürz- oder Kräutermischungen sind praktisch, falls Ihnen die Zeit fehlt, sie selbst herzustellen. Dazu gehören Cajun-Gewürzmischung, chinesisches Fünf-Gewürze-Pulver, Creole-Gewürzmischung, Dukkah, Fajita-Gewürzmischung, Kräuter der Provence, italienische Kräuter, jamaikanische Jerk-Gewürzmischung, Piri Piri, Ras el-Hanout, thailändisches Sieben-Gewürze-Pulver und Zatar. Auch mit Beizmischungen und Gewürzpasten lassen sich Gerichte rasch aufpeppen.

Einige Grundzutaten sollte man immer im Schrank haben, um daraus im Handumdrehen jederzeit eine Mahlzeit zubereiten zu können. Es lohnt sich, eine Bestandsliste zu führen, damit Sie wissen, wann Sie was nachkaufen müssen. Folgendes sollten Sie stets im Haus haben: Tomaten, Mais und Bohnen in der Dose, Fischkonserven, Würzmittel wie Chilisauce, Sojasauce, Tomatenmark, Crema di pomodori secchi, Pesto, passierte Tomaten, Senf (glatt und körnig), Worcestersauce, thailändische Fischsauce, Mayonnaise, eine Auswahl an getrockneten Bohnen, Nudeln, Reis, Getreide und Linsen, darunter auch Trendsorten wie Polenta, Emmer, Dinkel und Quinoa, sonnengetrocknete Tomaten, Oliven, gegrillte rote Paprikaschoten und Artischocken im Glas, gute Instantbrühe, Tahini, eine kleine Auswahl verschiedener Öle und Essigsorten, verschiedene getrocknete Früchte, Samen und Pinienkerne, Zucker und Mehl in verschiedenen Sorten.

Außerdem sollte man für elegantere Gerichte oder Gäste stets hochwertige Zutaten zur Hand haben.

Dazu gehören zum Beispiel kalt gepresste Öle, hochwertiger Balsamico-Essig, Kalamata-Oliven, Arborio-Risottoreis, Puy-Linsen, hochwertige Meersalzflocken, Harissa-Paste, Nussöle für Dressings, grüne Pfefferkörner in Salzlake, Sichuanpfefferkörner, Kapern, Wacholderbeeren, Safran, Tamarindepaste, eingelegte Sardellen, getrocknete Steinpilze, Trüffeln im Glas, eingelegte Zitronen, Wasabi, Vanillestangen, Orangenblütenwasser und Rosenwasser, Ahornsirup, Ingwer und hochwertige dunkle Schokolade.

Chipotle-Ketchup & Chipotle-Senf

Mit diesem einfachen, aber sensationell köstlichen Ketchup und Senf bringen Sie Pep auf den Tisch! Passt ideal zu Steaks, Spießen, Burgern, Würstchen oder Gemüse aus der Grillpfanne oder vom Holzkohlegrill.

FÜR 8 PERSONEN
Zubereitung: 15 Minuten, plus Kühlen
Garzeit: 5 Minuten

Chipotle-Ketchup

225 ml Ketchup
½ EL Worcestersauce
½ EL Rohrzucker
1 EL Zitronensaft (oder nach Geschmack)
1½ EL Chipotle-Pulver (oder nach Geschmack)
1 EL gemahlener Kreuzkümmel
½ EL gemahlene Kurkuma
¼ EL gemahlener Ingwer
Salz

Chipotle-Senf

125 g Dijon-Senf
1 EL Chipotle-Pulver (nach Geschmack)

1. Für den Ketchup alle Zutaten mit Salz nach Geschmack in einen kleinen Topf geben und auf mittlerer Stufe erhitzen. Unter häufigem Rühren 5 Minuten köcheln lassen, bis der Ketchup etwas eindickt.

2. Vom Herd nehmen und abkühlen lassen. In ein sterilisiertes Glas füllen, abdecken und bis zum Gebrauch kühl lagern.

3. Für den Chipotle-Senf die Zutaten in einer kleinen Schüssel verrühren. In ein sterilisiertes Glas füllen, abdecken und bis zum Gebrauch kühl lagern.

Rosmarinpopcorn mit Salz & Sesam

FÜR 4 PERSONEN
Vorbereitung: 10–15 Minuten
Garzeit: 6–8 Minuten

40 g Sesamsaat
2 EL Olivenöl
2 frische Rosmarinzweige
200 g Popcorn-Mais
1 TL Meersalz
2 EL Balsamico-Essig (oder nach Geschmack)

1. Sesamsaat und 1 Teelöffel Öl in eine große Pfanne geben und bei mittlerer Hitze 2–3 Minuten rösten. Dabei die Pfanne gelegentlich rütteln, bis die Körner goldbraun sind und zu platzen beginnen. In eine Schüssel geben und die Pfanne mit Küchenpapier auswischen.

2. Restliches Öl und Rosmarin in die Pfanne geben und sanft erhitzen, dabei die Pfanne schwenken, damit die Rosmarinaromen vom Öl aufgenommen werden. Den Mais zugeben, abdecken und auf mittlerer Stufe 3–4 Minuten unter Schwenken erhitzen, bis die Maiskörner geplatzt sind und das Popcorn fertig ist.

3. Vom Herd nehmen und mit dem gerösteten Sesam bestreuen. In eine Schüssel geben und mit Salz und Essig abschmecken. Vor dem Servieren den Rosmarin entfernen.

Gemüsechips mit Kräuter-Knoblauch-Dip

FÜR 4 PERSONEN

Vorbereitung: 30–35 Minuten, plus Kühlen

Garzeit: 12–16 Minuten

1 kg Wurzelgemüse, z. B. Karotten, Pastinaken, Süßkartoffeln oder Gelbe Bete, in sehr feine Scheiben geschnitten

4 EL natives Olivenöl extra

Meersalz und Pfeffer

Kräuter-Knoblauch-Dip

200 g griechischer Naturjoghurt

2 Knoblauchzehen, fein gehackt

4 EL frisch gehackte Kräuter, z. B. glatte Petersilie, Schnittlauch, Basilikum und Oregano

1. Den Backofen auf 200 °C vorheizen. Für den Dip den Joghurt in eine Schale geben, Knoblauch und Kräuter einrühren und alles mit Salz und Pfeffer würzen. Abgedeckt kalt stellen.

2. Die Gemüsescheiben in eine große Schüssel geben. Das Öl langsam unter Rühren darüberträufeln, bis alles gut überzogen ist.

3. Die Gemüsescheiben in je einer Lage auf drei Backblechen verteilen. Mit Salz und Pfeffer bestreuen. 8–10 Minuten backen, dann das Gargut prüfen. Gemüse, das schon knusprig ist (vor allem an den Rändern der Bleche), herausnehmen und auf einem Gitter abkühlen lassen. Die restlichen Chips 2–3 Minuten weiterrösten, dann zu den anderen auf das Gitter geben und abkühlen lassen.

4. Die Gemüsechips in eine Schüssel füllen und dazu den Dip reichen.

Mit Schwung in den Samstag

Frühstück & Mittagessen

Ob Sie gern zeitig aufstehen und bei einem frühen Workout Kraft für den Tag tanken oder sich lieber gern noch ein wenig im Bett fläzen, der Samstagmorgen gehört der Einstimmung auf das Wochenende. Das ist die richtige Zeit, um Pläne zu schmieden und, falls noch nicht geschehen, zu entscheiden, was Sie kochen wollen und wo Sie frische Zutaten besorgen – heute ist Zeit genug, um Ihre Leidenschaft für das kreative Kochen so richtig auszuleben.

Nehmen Sie sich am Samstagmorgen reichlich Zeit, um das Wochenende zu planen, damit Sie zum Beispiel ganz entspannt ein fantastisches Festmahl mit Freunden oder der Familie veranstalten können. Bereiten Sie die Gerichte, die Sie später servieren, nun vor, zum Beispiel Suppe, Pastete, Eiscreme oder Sorbet, oder backen Sie frisches Brot zum Mittagessen oder als Beilage zum Abendessen.

Alle Rezepte in diesem Kapitel helfen Ihnen, entweder den Tag mit einem gemütlichen Frühstück zu beginnen oder später ein entspanntes Mittagessen in angenehmer Gesellschaft zu genießen.

Wenn Fitness für Sie eine zentrale Rolle spielt und Sie den Samstagmorgen gern mit einem Workout beginnen oder regelmäßig laufen, Rad fahren oder ins Fitnessstudio gehen, verleihen Ihnen unsere Power-Shots oder der Rote-Bete-Powerdrink vorher eine Extraportion Energie. Sie werden staunen, wie leicht Ihnen der Start ins Wochenende fällt!

Wenn Sie eher der Typ, der es morgens gern etwas ruhiger angehen lässt, dann finden Sie in diesem Kapitel einige verlockende Frühstücksrezepte, um Sie langsam in Schwung zu bringen. Von Klassikern wie Cremigem Porridge mit Brombeeren oder Kernigem Cranberry-Müsli bis zu beliebten herzhafteren Frühstücksvarianten wie Das beste Bacon-Baguette oder Croque Monsieur findet hier jeder etwas für einen perfekten Start in den Tag.

Genießen Sie Ihren Kaffee oder Tee morgens lieber mit etwas Süßem? Dann sind warme Mini-Frühstücksmuffins mit Kaffee & Pekannüssen genau das Richtige für Sie. Falls Sie zum Frühstück Gäste haben, werden die Kokos-Pfannkuchen mit Zitronensirup garantiert gut ankommen.

Wenn dann etwas später die Zeit zum Mittagessen naht oder Sie vielleicht Besuch von Freunden oder Familie bekommen, verwöhnen Sie sich und Ihre Gäste doch einmal mit Köstlichkeiten wie Scharfem Fischstäbchen-Sandwich mit russischem Dressing & Rucola, Puten-Wraps mit Avocado-Salsa oder den einfachen, aber raffinierten Räucherlachs-Bagels. Gemüsefans werden sich begeistert auf die Erbsensuppe mit Blauschimmelkäse & Croûtons oder auf die Pizzafladen mit Knoblauchzucchini & Ricotta stürzen. Und wenn Sie mal eine neue Getreidesorte probieren möchten, versuchen Sie doch mal den verlockenden Grünen Emmersalat mit Feta!

Am Samstagmorgen sollten Sie entscheiden, wo Sie am Abend essen wollen, und schon mal den Tisch decken, wenn Sie später Gäste erwarten. An einem warmen Sommertag können Sie das Essen auch nach draußen verlegen – bereiten Sie morgens dafür schon die Gartenmöbel vor.

Griechischer Joghurt mit Orange & gerösteten Saaten

FÜR 2 PERSONEN

Vorbereitung: 10 Minuten, plus Kühlen

Garzeit: 2–3 Minuten

2 TL Kürbiskerne

2 TL Leinsamen

2 TL Chiasamen

200 g griechischer Naturjoghurt

abgeriebene Schale von 1 kleinen Orange, plus 1 TL Saft

1. Eine kleine Pfanne auf mittlerer Stufe erhitzen. Kürbiskerne und Saaten hineingeben und unter ständigem Rühren mit einem Holzlöffel rösten, bis sie Farbe annehmen und ihr nussiges Aroma verströmen. Auf einen Teller geben und erkalten lassen.

2. Den Joghurt in zwei Servierschalen oder Dessertgläser füllen. Zuerst die Saaten, dann die Orangenschale darüberstreuen. Mit dem Orangensaft beträufeln und sofort servieren.

Cremiger Porridge mit Brombeeren

FÜR 2 PERSONEN
Vorbereitung: 10–12 Minuten
Garzeit: 10 Minuten

100 g grobe Haferflocken
1 kleine Prise Salz
600 ml kaltes Wasser
50 g Schlagsahne
1 EL Stevia

Zum Servieren

1 EL Kürbiskerne
6 große Brombeeren, geviertelt
Schlagsahne, zum Servieren

1. Die Haferflocken mit dem Salz in einen Topf geben. Das Wasser zugießen und zum Kochen bringen. Dann die Hitze auf niedrige bis mittlere Stufe reduzieren und 5–6 Minuten unter regelmäßigem Rühren köcheln lassen, bis der Brei eingedickt ist.

2. Sahne und Stevia unterrühren. Den Porridge in zwei Schalen füllen. Mit Kürbiskernen und Brombeeren anrichten. Sofort mit etwas zusätzlicher Sahne zum Beträufeln servieren.

Mini-Frühstücksmuffins mit Kaffee & Pekannüssen

ERGIBT 9
Vorbereitung: 25 Minuten, plus Kühlen
Garzeit: 20 Minuten

50 g Kokosmehl
¼ TL Backpulver
½ TL Natron
1 EL Stevia
30 g Pekannusskerne, grob gehackt
150 g saure Sahne
5 EL Pflanzenöl
2 Eier (Größe L), verquirlt
5 EL Espresso oder starker Kaffee
1 TL Reissirup
Meersalz

1. Den Backofen auf 170 °C vorheizen. In neun Vertiefungen einer Minimuffinform Papierbackförmchen legen.

2. Kokosmehl, Backpulver, Natron, Stevia, 20 g Pekannüsse und eine kleine Prise Salz in einer großen Schüssel mischen. Saure Sahne, Öl, Eier und 4 Esslöffel Espresso sorgfältig unterrühren. Den Teig kurz ruhen lassen, dann in die vorbereiteten Förmchen füllen.

3. Im vorgeheizten Ofen 20 Minuten backen, bis die Muffins aufgegangen sind und der Teig auf Fingerdruck elastisch nachgibt. Etwa 5 Minuten abkühlen lassen, dann die Minimuffins aus der Form lösen und auf ein Kuchengitter heben.

4. Für den Belag Reissirup und restlichen Espresso in einer Schüssel verrühren. Über die Muffins träufeln. Mit den restlichen Pekannüssen bestreuen und warm servieren. Alternativ halten sich diese Muffins bis zu 2 Tage in einem luftdicht schließenden Behälter.

Kerniges Cranberry-Müsli

FÜR 6 PERSONEN
Vorbereitung: 20 Minuten, plus Quellen oder Kühlen
Keine Garzeit

175 g Haferflocken
60 g Roggenflocken
75 g ungeschälte Mandeln, grob gehackt
50 g getrocknete Cranberrys
2 EL Sonnenblumenkerne
2 EL Kürbiskerne
2 EL Leinsamen
2 knackige Dessertäpfel, entkernt und grob gerieben
400 ml frisch gepresster Apfelsaft, plus etwas mehr zum Servieren

1. Hafer- und Roggenflocken, Mandeln, Cranberrys, Sonnenblumen- und Kürbiskerne sowie Leinsamen in einer großen Schüssel vermengen. Die Äpfel unterrühren.

2. Den Apfelsaft zugießen, unterrühren und die Mischung abgedeckt 1 Stunde quellen lassen oder über Nacht in den Kühlschrank stellen.

3. Die Mischung auf Müslischalen verteilen. Mit einem Kännchen ganz frisch gepresstem Apfelsaft zum Beträufeln servieren.

Power-Shots

FÜR 1 PERSON
Vorbereitung: je 5 Minuten
Keine Garzeit

Rote-Bete-Shot

2 Rote Beten, halbiert
4 EL kaltes Wasser (nach Belieben)

Kiwi-Shot

2 Kiwis

Blaubeer-Shot

150 g Blaubeeren
4 EL kaltes Wasser

1. Für den Rote-Bete-Shot die Beten entsaften, den Saft in ein Glas gießen, nach Belieben mit dem Wasser auffüllen und servieren.

2. Für den Kiwi-Shot die Kiwis entsaften. In ein Glas gießen und servieren.

3. Für den Blaubeer-Shot die Blaubeeren mit dem Wasser im Standmixer glatt pürieren, in ein Glas gießen und servieren.

Rote-Bete-Powerdrink

FÜR 1 PERSON
Vorbereitung: 10 Minuten
Keine Garzeit

2 Rote Beten, halbiert
30 g Leinsamen
4 Pflaumen, geviertelt und entsteint
150 g kernlose rote Trauben
225 ml kaltes Wasser
Eiswürfel, zum Servieren (nach Belieben)

1. Die Roten Beten entsaften. Die Leinsamen im Standmixer fein mahlen.

2. Rote-Bete-Saft, Leinsamen, Pflaumen, Trauben und Wasser in den Mixer geben und alles zu einer glatten Mischung verarbeiten.

3. In ein Glas gießen, nach Belieben Eis zufügen und sofort servieren.

Kokos-Pfannkuchen mit Zitronensirup

Diese leckeren Pfannkuchen mit Kokosmilch und Kokosmehl werden in Kokosöl gebacken und schlagen bei Ihren Gästen garantiert wie eine Bombe ein. Der Zitronensirup und etwas Crème fraîche runden sie perfekt ab.

FÜR 4 PERSONEN
Vorbereitung: 25–30 Minuten
Garzeit: 18 Minuten

2 Eier (Größe L)
100 ml Kokosmilch
125 ml kaltes Wasser
5 Tropfen Vanillearoma
1 EL Stevia
50 g Kokosmehl
1 TL Natron
1 EL Kokosöl
Salz
4 EL Crème fraîche, zum Servieren (nach Belieben)

Zitronensirup

fein abgeriebene Schale und Saft von 1 Zitrone
2 TL Reissirup

1. Die Eier mit Kokosmilch, Wasser, Vanillearoma, Stevia, Kokosmehl, Natron und einer Prise Salz in eine Schüssel geben und zu einem glatten Teig verrühren. Einige Minuten ruhen lassen.

2. Inzwischen für den Zitronensirup Zitronenschale und -saft sowie Reissirup in einer Schale gut verrühren. Beiseitestellen.

3. Das Kokosöl in einer großen Pfanne auf mittlerer Stufe erhitzen. Esslöffelgroße Teigportionen mit etwas Abstand hineingeben.

4. Die Pfannkuchen 2 Minuten backen, bis die Unterseite leicht gebräunt und der Rand gegart ist. Vorsichtig wenden und weitere 2 Minuten garen.

5. Die Pfannkuchen auf vier vorgewärmte Servierteller verteilen und aus dem restlichen Teig weitere Pfannkuchen backen. Die Pfannkuchen stapeln und nach Belieben mit einem Löffel Crème fraîche garnieren. Mit dem Zitronensirup beträufeln.

Ochsenaugen

Dieses beliebte und sehr leckere mexikanische Frühstücksgericht lässt sich ganz leicht zu Hause zubereiten, und exotische Zutaten brauchen Sie dazu auch nicht. Ein ideales unkompliziertes Samstagmorgenfrühstück für zwei, schmeckt gut ohne alles oder auch mit warmem, knusprigem Brot.

FÜR 2 PERSONEN
Vorbereitung: 15 Minuten
Garzeit: 25 Minuten

2 EL Olivenöl
1 große Zwiebel, fein gehackt
2 grüne oder rote Paprika, gewürfelt
1 Knoblauchzehe, fein gehackt
½ TL getrocknete Chiliflocken
4 Eiertomaten, gehäutet und grob gehackt
2 Eier
Salz und Pfeffer

1. Das Öl in einer großen, beschichteten Pfanne erhitzen. Die Zwiebel darin goldbraun anbraten. Paprika, Knoblauch und Chiliflocken zugeben und garen, bis die Paprikawürfel weich sind.

2. Die Tomaten untermischen und mit Salz und Pfeffer würzen. Bei kleiner Hitze 10 Minuten köcheln lassen.

3. Mit einem Löffelrücken zwei Mulden in die Gemüsemischung drücken. Die Eier aufschlagen und je eines in die Mulden geben. Nach Belieben salzen und pfeffern. Bei aufgelegtem Deckel 3–4 Minuten garen, bis die Eier gestockt sind. Sofort servieren.

Das beste Bacon-Baguette

Knuspriges Baguette mit Mayo und viel kross gegrilltem Frühstücksspeck, belegt mit Spiegeleiern, zart schmelzendem Schweizer Käse und Chipotle-Chilisauce – wie könnte das Wochenende besser beginnen?

ERGIBT 2

Vorbereitung: 15–20 Minuten

Garzeit: 8–12 Minuten

1 großes Baguette

4 EL Mayonnaise

500 g durchwachsener Räucherspeck, in dünne Scheiben geschnitten

4 EL Pflanzenöl

4 Eier

10 Scheiben Schweizer Emmentaler

Chipotle-Chilisauce, nach Geschmack

1. Den Backofengrill auf hoher Stufe vorheizen.

2. Das Baguette der Länge nach aufschneiden, die Schnittseiten mit der Mayonnaise bestreichen und beiseitestellen.

3. Den Speck von beiden Seiten grillen, bis er knusprig ist. Warm stellen.

4. Das Öl in einer Pfanne bei mittlerer Temperatur erhitzen. Die Eier einzeln hineinschlagen und braten, bis das Eigelb nach Geschmack fest oder flüssig ist.

5. Die Unterseite des Baguettes mit dem Käse belegen. Darauf Speck und Spiegeleier geben. Mit Chilisauce beträufeln.

6. Die Baguette-Oberseite darüberklappen und leicht andrücken. Halbieren und sofort servieren.

Croque Monsieur

FÜR 1 PERSON
Vorbereitung: 15 Minuten
Garzeit: 5–7 Minuten

2 Scheiben Weißbrot, gebuttert
2 Scheiben geräucherter Schinken
50 g Gruyère, gerieben
1 Stückchen Butter, zerlassen
Salz und Pfeffer
leicht angemachter, gemischter grüner Salat, zum Servieren

1. Den Backofengrill auf hoher Temperatur vorheizen.

2. Eine Scheibe Brot mit der gebutterten Seite nach oben auf ein kleines Blech legen und den Schinken daraufgeben. Mit zwei Dritteln des Käses belegen, dann salzen und pfeffern. Die andere Brotscheibe mit der gebutterten Seite nach unten darauflegen. Die Oberseite mit der zerlassenen Butter bestreichen und das Sandwich mit der Butterseite nach oben unter den Grill legen.

3. Das Sandwich grillen, bis es gebräunt ist, dann herausnehmen. Umdrehen und mit dem restlichen Käse bestreuen. Das Sandwich wieder unter den Grill legen, bis der Käse Blasen wirft und bräunt. Aus dem Ofen nehmen und mit einem grünen Salat servieren.

Erbsensuppe mit Blauschimmelkäse & Croûtons

FÜR 4 PERSONEN
Vorbereitung: 25 Minuten
Garzeit: 30–35 Minuten

40 g Butter
2 Schalotten, fein gehackt
1 l Gemüsebrühe
400 g frische Erbsen, gepalt
60 g Crème fraîche
Meersalz und Pfeffer
80 g Blauschimmelkäse, z.B. Roquefort, zerkrümelt, zum Servieren

Croûtons

2 Scheiben Weizenvollkornbrot, gewürfelt

2 EL natives Olivenöl extra

1. Für die Croûtons den Backofen auf 150 °C vorheizen. Die Brotwürfel im Öl wenden und mit ½ Teelöffel Salz und ½ Teelöffel Pfeffer bestreuen. Die Würfel in einer Lage auf ein Backblech geben und 25 Minuten backen.

2. Inzwischen für die Suppe die Butter bei mittlerer Hitze in einem großen Topf zerlassen. Die Schalotten hineingeben und unter Rühren 2–3 Minuten glasig braten. Brühe und Erbsen zugeben, mit Salz und Pfeffer würzen, dann aufkochen. 15–20 Minuten köcheln lassen; die Erbsen sollten sehr weich sein.

3. Die Erbsen durch ein Sieb abgießen, dabei den Kochsud auffangen. Die Erbsen in einen Standmixer oder in die Küchenmaschine geben und pürieren, dann wieder in den Topf geben. Nach und nach den Kochsud hinzugeben, bis die gewünschte Konsistenz erreicht ist.

4. Die Suppe erwärmen. Die Crème fraîche einrühren und die Suppe ein weiteres Mal abschmecken. Mit Croûtons und Blauschimmelkäse bestreut servieren.

Pizzafladen mit Knoblauchzucchini & Ricotta

Diese Pizzafladen mit Zucchinistreifen, Cocktailtomaten und Ricottatupfen sind besonders beliebt bei Vegetariern und eignen sich, zusammen mit einem einfachen grünen Salat und einem kühlen Getränk serviert, ideal als leichtes Mittagessen.

FÜR 2 PERSONEN
Vorbereitung: 30 Minuten
Garzeit: 7–10 Minuten

50 g Crème fraîche

150 g Zucchini, mit einem Gemüseschäler in dünne Streifen geschnitten

50 g Cocktailtomaten, geviertelt

50 g Ricotta

1 Knoblauchzehe, zerdrückt

2 EL Olivenöl

Salatblätter, zum Servieren (nach Belieben)

Teigböden

100 g Weizenvollkornmehl, plus etwas mehr zum Bestäuben

50 g Quinoamehl

¾ TL Natron

1 EL Olivenöl

2 EL warmes Wasser

Meersalz

1. Den Backofen auf 200 °C vorheizen. Für die Teigböden beide Mehlsorten und Natron in eine große Schüssel geben und salzen. Das Öl zugießen und alles mit so viel Wasser verkneten, dass ein weicher, nicht klebender Teig entsteht.

2. Den Teig auf einer leicht bemehlten Arbeitsfläche 2 Minuten durchkneten, bis er glatt und elastisch ist.

3. Zwei Backbleche in den Ofen schieben und heiß werden lassen.

4. Den Teig halbieren und zu zwei etwa 5 mm dicken Kreisen ausrollen. Die Bleche aus dem Ofen nehmen und rasch die Teigfladen darauflegen.

5. Die Teigböden mit der Crème fraîche bestreichen und mit Zucchini und Tomaten belegen. Den Ricotta in kleinen Tupfen darauf verteilen.

6. Im vorgeheizten Ofen 7–10 Minuten backen, bis die Teigböden knusprig und leicht aufgegangen sind.

7. Knoblauch und Öl in einer Schale verrühren und über die Pizzafladen träufeln. Nach Belieben mit etwas Salat servieren.

Fischstäbchen-Sandwich mit russischem Dressing & Rucola

Diese raffinierte Variante des beliebten Fischstäbchen-Sandwichs mit einem feurigen Dressing und pfeffrigem Rucola eignet sich ideal als einfaches, aber köstliches Mittagessen mit Freunden.

ERGIBT 2
Vorbereitung: 15 Minuten
Garzeit: etwa 15 Minuten

Öl, zum Frittieren
20 Fischstäbchen
4 große Scheiben Weißbrot
100 g Rucola

Russisches Dressing

2 EL Mayonnaise
1 EL Sahnemeerrettich
1 EL Ketchup
1 EL saure Sahne
1 EL scharfe Chilisauce (z. B. Sriracha)
1 TL Worcestersauce
½ TL geräuchertes Paprikapulver

1. Reichlich Öl zum Frittieren in einem großen Topf oder einer Fritteuse auf 180–190 °C erhitzen, bis ein Brotwürfel darin in 30 Sekunden braun wird.

2. Inzwischen alle Zutaten für das russische Dressing in einer kleinen Schüssel verrühren. Beiseitestellen.

3. Die Fischstäbchen portionsweise 5 Minuten goldbraun frittieren, mit einem Schaumlöffel herausnehmen, auf Küchenpapier abtropfen lassen und warm halten, bis alle Fischstäbchen frittiert sind.

4. Zwei Brotscheiben mit etwas Dressing bestreichen. Die Fischstäbchen darauflegen und mit dem restlichen Dressing beträufeln. Den Rucola darauf verteilen, die restlichen Brotscheiben auflegen und sofort servieren.

Räucherlachs-Bagels

Wenn Sie sich und Ihre Freunde einmal mit hausgemachten Bagels verwöhnt haben, werden Sie nie wieder fertige Bagels kaufen! Nehmen Sie sich morgens etwas Zeit zum Backen und genießen Sie sie zum Mittagessen warm mit Räucherlachs und Frischkäse.

ERGIBT 12

Vorbereitung: 35–40 Minuten, plus Ruhen und Kühlen

Garzeit: 20–25 Minuten

1 EL Trockenbackhefe

2 EL Zucker

3½ EL Pflanzenöl, plus etwas mehr zum Einfetten

1 TL Salz

225 ml warmes Wasser

425 g Mehl, plus etwas mehr zum Bestäuben

1 Ei, verquirlt

1 Ei, mit ¼ TL Salz verquirlt, zum Glasieren

Mohn- und Sesamsaat, zum Bestreuen

Füllung

Räucherlachs

Frischkäse

fein gehackte frische glatte Petersilie

fein abgeriebene Zitronenschale

1. Die Hefe mit der Hälfte des Zuckers in einer Schüssel mischen. Den restlichen Zucker mit Öl, Salz und Wasser in einem Topf 1–2 Minuten sanft erhitzen, bis der Zucker sich gelöst hat. In die Hefemischung gießen, mit einem Küchentuch abdecken und 5–7 Minuten stehen lassen, bis die Masse Blasen schlägt. Das Mehl in eine Küchenmaschine geben und die Hefemischung bei laufendem Motor zugießen. Dann das Ei zufügen und alles verkneten, bis eine Teigkugel entsteht.

2. Falls der Teig klebrig ist, etwas mehr Mehl zugeben – der Teig sollte glatt und elastisch sein. Eine große Schüssel leicht einölen, die Teigkugel hineingeben und wenden, bis sie rundum mit Öl bedeckt ist. Mit dem Küchentuch abdecken und an einem warmen Ort 1½–2 Stunden gehen lassen, bis der Teig sein Volumen verdoppelt hat. Auf eine leicht bemehlte Oberfläche legen und leicht durchkneten.

3. Den Teig in zwölf gleich große Stücke teilen. Jedes Stück zu einem 18 cm langen Strang rollen und daraus einen Ring formen. Ein Ende anfeuchten und fest auf das andere drücken. Die Teigringe auf ein bemehltes Backblech legen, mit dem Küchentuch abdecken und 25 Minuten gehen lassen, bis sie ihr Volumen verdoppelt haben. Inzwischen den Backofen auf 200 °C vorheizen. Zwei große Backbleche leicht einölen.

4. Wasser in einem großen Topf zum Kochen bringen. Die Bagels portionsweise ins Wasser gleiten lassen und 1 Minute kochen. Mit einem Schaumlöffel herausnehmen und auf Küchenpapier abtropfen lassen.

5. Die Bagels auf den Backblechen verteilen und sorgfältig mit der Eimischung bestreichen. Die Hälfte der Bagels mit Sesamsaat, die restlichen mit Mohnsaat bestreuen. Im vorgeheizten Ofen 12–15 Minuten backen, bis sie goldbraun und glänzend sind. Aus dem Ofen nehmen und auf einem Kuchengitter leicht abkühlen lassen. Warm mit Räucherlachs, Frischkäse, Petersilie und Zitronenschale servieren.

Puten-Wraps mit Avocado-Salsa

Diese köstlichen Puten-Wraps genießt man am besten gemeinsam mit Freunden. Wenn das Putenfleisch eingelegt und die Salsa fertig ist, erwärmen Sie die Tortillas und heizen Sie den Backofengrill vor, damit jeder seinen Wrap selbst zusammenstellen kann.

FÜR 4 PERSONEN
Vorbereitung: 30 Minuten, plus Marinieren
Garzeit: 12 Minuten

4 dünne Putenbrustschnitzel (insgesamt 350 g)

Olivenöl, zum Bestreichen

4 Blätter Romanasalat, dicke Rippen entfernt, in Streifen geschnitten

4 Mais-Tortillas, erwärmt

3 EL saure Sahne

Marinade

Saft von 2 Orangen

1 TL Kreuzkümmelsamen, leicht zerstoßen

½ TL getrocknete rote Chiliflocken

4 EL Olivenöl

Salz und Pfeffer

Salsa

2 Avocados, geschält, entkernt und gewürfelt

1 kleine rote Zwiebel, gewürfelt

2 Tomaten, entkernt und gewürfelt

2 EL frisch gehackter Koriander

Saft von 1 Limette

1. Das Putenfleisch in etwa 4 cm x 6 cm große Streifen schneiden und in eine flache Schlüssel legen.

2. Alle Zutaten für die Marinade verrühren. Über das Putenfleisch gießen, abdecken und 4 Stunden oder über Nacht im Kühlschrank marinieren. Mindestens 30 Minuten vor der Zubereitung aus dem Kühlschrank nehmen, damit das Fleisch Zimmertemperatur annimmt.

3. Alle Zutaten für die Salsa in einer kleinen Schüssel vermengen.

4. Den Backofengrill auf höchster Stufe vorheizen. Das Putenfleisch abtropfen lassen und die Marinade wegschütten. Die Putenstreifen wellenförmig auf Metallspieße stecken (oder Holzspieße verwenden und deren Enden mit Aluminiumfolie umwickeln, damit sie nicht anbrennen). Das Fleisch mit Öl bestreichen.

5. Die Spieße auf ein Grillrost legen und unter dem vorgeheizten Grill von jeder Seite 5 Minuten braten, bis das Fleisch gar und an den Enden gebräunt ist. Zur Garprobe das Fleisch mit einem Messer anschneiden. Es sollte innen nicht mehr rosa und der austretende Fleischsaft klar sein. Das Fleisch von den Spießen streifen und warm halten.

6. Den Salat auf den Tortillas verteilen und das Putenfleisch darauflegen. Saure Sahne und Salsa zufügen. Den unteren Teil und die Seiten der Tortillas über die Füllung falten. Die Wraps sofort servieren.

1

2

3

Grüner Emmersalat mit Feta

Wie wäre es denn mal mit einer neuen Getreidesorte? Probieren Sie diesen verlockenden Salat aus gekochtem Emmer mit Feta und leuchtend grünen Gemüsesorten und Kräutern, angemacht mit einem leichten Zitronendressing.

FÜR 4 PERSONEN
Vorbereitung: 25 Minuten, plus Kühlen und Ruhen
Garzeit: etwa 12 Minuten

225 g Perl-Emmer, abgespült

½ TL Salz

50 g junge frische Erbsen, gepalt

5 Frühlingszwiebeln, dunkelgrüne Teile entfernt, in dünne Scheiben geschnitten

½ Zucchini, grob geraspelt

35 g Babyspinat, zerpflückt

4 EL frisch gehackte Minzeblätter

4 EL frisch gehackte glatte Petersilie

80 g Feta, in Würfel geschnitten

Sumach oder Paprikapulver, zum Bestreuen

Dressing

2 EL Zitronensaft

6 EL natives Olivenöl extra, plus etwas mehr zum Beträufeln

Salz und Pfeffer

1. Emmer und Salz in einen Topf geben und mit Wasser bedecken. Zum Kochen bringen, die Hitze reduzieren, den Deckel aufsetzen und 10 Minuten köcheln lassen, bis der Emmer weich, aber noch bissfest ist. Abtropfen lassen und auf einem Tablett leicht abkühlen lassen. Noch lauwarm in eine Servierschüssel füllen.

2. Für das Dressing den Zitronensaft in einer kleinen Schüssel nach Geschmack mit Salz und Pfeffer verrühren. Das Öl mit dem Schneebesen einrühren. Über den Emmer gießen und alles vorsichtig mischen.

3. Erbsen, Frühlingszwiebeln, Zucchini, Spinat, Minze und Petersilie unterrühren. 30 Minuten bei Zimmertemperatur ruhen lassen.

4. Den Salat auf vier Teller verteilen. Den Käse darauf anrichten, mit etwas Sumach bestreuen und mit Öl beträufeln. Sofort servieren.

Besonderes für den Samstagabend

In diesem inspirierenden Kapitel finden Sie eine tolle Auswahl an aufwendigeren Gerichten, die sich ideal für Gäste und stylishe Abendessen eignen. Mit diesen Rezepten können Sie Ihre Kochkünste und Ihre Raffinesse unter Beweis stellen, indem Sie erstklassige Gerichte für sich und Ihre Gäste auf den Tisch bringen. Machen Sie etwas Besonderes aus dem Samstagabend – ob es nun ein romantisches Essen zu zweit ist oder ein geselliger Abend unter Freunden.

Kompetente und kreative Hobbyköche stellen sich nur zu gern der Herausforderung, etwas Neues auszuprobieren. Vor allem, wenn Sie Gäste haben, sollten Sie jedoch lieber bei dem bleiben, was Ihnen vertraut ist, und sich nicht von komplizierten Techniken stressen lassen. Versuchen Sie nicht, zu viele Gerichte zuzubereiten.

Kochen Sie möglichst mit Zutaten der Saison – es schmeckt deutlich besser. Wählen Sie auch Gerichte aus, die zur Jahreszeit passen: wärmendes Seelenfutter für kalte Winterabende und leichtere, erfrischende Gerichte für warme Sommerabende. Wenn Sie die Vorspeise oder den Nachtisch im Voraus zubereiten können, haben Sie mehr Zeit für Ihre Gäste.

Wenn die Gäste eintreffen, bieten Sie ihnen eine Auswahl kleiner Häppchen mit einem kühlen Getränk an, um den Abend in Schwung zu bringen. Wenn die Laune schnell steigen soll, servieren Sie Champagner oder Sekt. Als Entree sind auch kreative Cocktails wie Champagne Sidecar oder Black Velvet wunderbar.

In diesem Kapitel finden Sie verblüffende Vorspeisen und herrliche Hauptgerichte, gefolgt von köstlichen Desserts. Anregende Appetithäppchen wie Spargel mit Sauce hollandaise, Marinierter, gebackener Ricotta mit Röstgemüse oder Salat von gegrillter Ente mit Orange & warmer Haselnuss-Vinaigrette stimmen auf einen besonderen Abend ein.

Beim Hauptgang können Sie dann Ihre Kochkunst unter Beweis stellen und Aromen aus aller Welt auf den Tisch zaubern. Fleischfans haben die Wahl zwischen raffinierten Gerichten wie Gegrillten Stubenküken auf asiatische Art oder Pulled Pork mit Süßkartoffelpüree. Liebhaber von Fisch und Meeresfrüchten können Sie mit Sautierten Jakobsmuscheln mit Minze-Chili-Dressing oder Hummersalat mit Kräutermayonnaise à la Parisienne verwöhnen. Wer auf Fisch und Fleisch lieber verzichtet, genießt in vollen Zügen die Linguine mit Grünkohl & Zitrone oder das Wildpilz-Risotto.

Ergänzen Sie das Hauptgericht mit raffinierten Beilagen wie Röst- oder Fächerkartoffeln, Kartoffelgratin, Rösti, Gemüsegratins, Sahnegemüse oder Kartoffelpüree. Alternativ eignen sich auch einfache Beilagen wie gedämpftes junges Gemüse, Blattsalate, pfannengerührtes Gemüse oder geröstetes Wurzelgemüse ideal, vor allem zu einem üppigen und aufwendigen Hauptgericht.

Lassen Sie aber unbedingt noch Platz für eine süße Köstlichkeit und wählen Sie einen unserer luxuriösen Nachtische. Beeindrucken Sie Ihre Gäste mit Feigentartelettes mit Crème de Cassis & Honig-Mascarpone, Crème brûlée mit Pflaumen und Brombeeren oder Mokka-Soufflés mit Mascarpone. Ausgewiesene Schokoholics machen Sie sicherlich mit Heißen Schokoladentörtchen mit kandierter Orangenschale glücklich.

Leichtere Nachtische, etwa ein Champagner-Sorbet, lassen den Abend elegant und erfrischend ausklingen und reinigen den Gaumen nach einem schwelgerischen Mahl; falls Ihr Geschmack mehr in Richtung Käse geht, sehen Sie sich einmal unser Rezept für Ziegenkäse mit Honig & Walnüssen an.

Schließlich sollten Sie noch einige Kaffeevariationen nach dem Essen im Angebot haben, um nach einem üppigen Mahl die Energie wieder zum Fließen zu bringen. Manche Gäste trinken vielleicht lieber einen Digestif oder einen Schlummertrunk, zum Beispiel ein Glas Cognac, Whisky oder Portwein, oder einen alkoholischen Cocktail, um die Verdauung anzukurbeln und den Abend mit Stil ausklingen zu lassen.

Das perfekte Menü

Bei der Planung eines besonderen Menüs sollten Sie immer auf die Ausgewogenheit der Gerichte achten. Ein perfektes Menü ist vom ersten bis zum letzten Augenblick „im Fluss". Nach dem Essen sollen sich Ihre Gäste wohl und nicht übersättigt fühlen. Wenn Sie einen reichhaltigen Hauptgang planen, sollten Sie etwas kleinere Portionen servieren. Einer sehr leichten Menüfolge kann man dagegen durch knuspriges Brot mehr Substanz verleihen.

Überlegen Sie, was dem Gang vorausgeht und ihm folgen soll. Bei einem guten Menü ist weniger oft mehr. Falls Sie mit einer cremigen Suppe beginnen, dann sollten Sie die Portionen kleiner halten. Und wenn Sie einen reichhaltigen Schokoladenkuchen als Dessert planen, servieren Sie Ihren Gästen lieber schmalere Stücke.

Wenn Sie die Gerichte für Ihr Menü auswählen, achten Sie bei den einzelnen Gängen darauf, dass sich die Hauptzutaten, die Farben und die Konsistenz nicht wiederholen. Sollten Sie beispielsweise als Vorspeise Suppe mit Pinienkernpesto und Walnussbrot, als Hauptgang Lamm mit Mandelfüllung und zum Dessert Plätzchen mit Haselnuss und Pistazie servieren, haben Sie eindeutig ein Übergewicht an Nüssen in Ihrem Menü. Jedes Gericht für sich ist köstlich, aber die Speisenfolge ist nicht ausgewogen. Außerdem könnte es noch ein weiteres Problem geben: Sollte ein Gast eine Nussallergie haben, was nicht selten vorkommt, müssen Sie ihm für jeden Gang eine Alternative bieten.

Ein weiteres Beispiel für ein unausgewogenes Menü wäre Champignoncremesuppe, gefolgt von Grillhähnchen mit Sahne-Kartoffelpüree und als Dessert Crème Caramel. Dies sind drei für sich gesehen leckere Speisen, die allerdings zu wenig in Farbe

und Konsistenz variieren. Die Konsistenz ist ein wichtiges Kriterium bei der Auswahl eines ausgewogenen Menüs. Servieren Sie nicht nur weiche Speisen, die auf der Zunge zergehen, sondern sorgen Sie auch für Biss.

Ein abwechslungsreiches Menü könnte mit einer Gazpacho oder einer pikanten Fischsuppe mit Kurkuma beginnen. Beide Suppen sind durch ihre leuchtende Farbe visuell sehr anregend. Als Hauptgericht eignen sich dann Sautierte Jakobsmuscheln mit frischem Minz-Chili-Dressing oder Stubenküken mit einer Füllung aus Sauerkirschen, Cranberrys und Pistazien. Das dazu passende Dessert ist dann frei wählbar, denn in den ersten beiden Gängen wurden noch kaum Nüsse, Sahne, Zitrusfrüchte oder Obst verwendet.

Für ein besonderes Menü sollten Sie sich Zeit nehmen, damit Sie an der Vorbereitung auch Freude haben. Wenn Sie nach der Arbeit schnell in den Supermarkt hetzen, um bis 19.30 Uhr ein dreigängiges Menü fertigzustellen, werden Sie nur gestresst sein und Kopfschmerzen bekommen, bis Ihre Gäste eintreffen. Im besten Fall kaufen Sie die Zutaten am Vortag ein und bereiten auch schon einiges vor. Suppen, Eintöpfe und Currypaste profitieren geschmacklich sogar davon, wenn Sie im Voraus zubereitet werden. Viele Desserts können über Nacht im Kühlschrank aufbewahrt werden. Das hat zwei Vorteile: Erstens ist das Dessert beim Servieren auf jeden Fall fest und kalt, und zweitens haben Sie am Samstagabend weniger Arbeit.

Bereiten Sie zuerst die Speisen zu, die noch gebacken, vorgegart oder länger köcheln müssen. Setzen Sie also zuerst einen Hefeteig an oder stellen Sie das Dessert kalt, bevor Sie sich ans Kräuterhacken machen. Wenn Sie etwas hacken, Geschirr spülen oder den Tisch decken, kümmern Sie sich in dem Moment nur um diese eine Sache, es sei denn, sie haben alles gut vorausgeplant, sodass einiges parallel ablaufen kann. So haben Sie am Ende mehr Zeit, die Gänge schön anzurichten. Den Tisch können Sie schon gut am Vorabend oder am Morgen decken, sodass Sie sich am Tag des Essens selbst nur auf die Zubereitung konzentrieren können.

Das richtige Timing ist beim Servieren der Gänge eine sehr wichtige Sache. Es ist leichter einzuhalten, wenn Sie das, was Sie für den jeweiligen Gang brauchen, schon griffbereit vorbereitet haben. So sollte beispielsweise Spinat schon im Voraus geputzt und gesäubert werden. Stellen Sie ihn dann mit dem gehackten Knoblauch und der passenden Pfanne neben dem Herd bereit. Ein Gang darf ruhig eine Zutat enthalten, die unmittelbar vor dem Servieren gegart werden muss.

Vorbereitung auf die Dinnerparty

Es ist Samstagabend und die Gäste sind gleich da. Der Wein ist perfekt gekühlt, das Essen ist vorbereitet und servierfertig. Jetzt brauchen Sie nur noch Musik aufzulegen und sich auf einen festlichen Abend zu freuen. Im folgenden Abschnitt finden Sie einige Tipps, wie der Abend von Anfang an ein Erfolg wird und wie Sie Getränke, Speisen und Gespräche mühelos in Gang halten.

Wenn Sie als Hauptgang etwas servieren, das auf den Punkt gegart werden muss, sollten Sie dazu eine Vor- und Nachspeise wählen, die Sie schon im Voraus zubereiten können. Denn wenn für jeden Gang vieles kurzfristig gegart werden muss, verbringen Sie den Abend vor allem in der Küche und können nicht bei Ihren Gästen sein.

Beachten Sie, dass Kräuter und Salat unmittelbar vor dem Servieren zubereitet werden müssen, damit sie nicht in sich zusammenfallen. Verarbeiten Sie gleiche Zutaten für verschiedene Gerichte immer in einem Arbeitsgang. Wenn Sie für zwei Gänge gehackten Knoblauch benötigen, können Sie ihn auch auf einmal hacken.

Besteck und Geschirr sollten Sie für jeden Gang schon bereitgelegt haben. Natürlich können Sie die Vorspeisenteller auch für das Dessert verwenden, denn dazwischen haben Sie ausreichend Zeit zum Spülen. Falls Sie allerdings die gleichen Teller für Vor- und Hauptspeise verwenden, kommt Ihr Zeitplan durch das Spülen sicher durcheinander. Vielleicht passiert es dann, dass Sie das Hauptgericht zu lange garen, weil Sie abgelenkt und gestresst sind.

Das Geschirr und die Tischdekoration tragen viel zur Stimmung eines Essens bei. Kerzen verwandeln einen alltäglichen Tisch in eine elegante Tafel. Blumen schaffen eine besondere Atmosphäre. Verzichten Sie allerdings auf zu stark duftende Blüten wie beispielsweise Lilien, da diese das Aroma der Speisen überdecken können.

Es sieht gut aus, wenn ein Gericht auf einem schlichten, edlen Teller angerichtet wird und für sich selbst spricht. Bunte oder gemusterte Teller sollten Sie nur für Speisen verwenden, die eher einfarbig sind, wie etwa eine Tomatensuppe. Diese leuchtend rote Suppe passt beispielsweise gut in eine blau gemusterte Schale. Speisen mit vielen verschiedenen Farben und Formen wie der Feigen-Fenchel-Salat mit Ziegenkäse und gerösteten Mandeln wirken dagegen optisch wesentlich ansprechender auf einem schlichten weißen Teller.

Die schlichtesten Tischdekorationen sind meistens auch die elegantesten. Wenn Sie beispielsweise farbige Weingläser verwenden, kommt die eigene Farbe des Weins nicht mehr zur Geltung. Genau wie zu viele Aromen auf einem Teller ein Gericht nicht bereichern, so gewinnt die Präsentation der Speisen nicht durch zu viele Farbkontraste und Formen. Die Garnierungen sollten natürlich aussehen und nicht zu viel Arbeit bereiten. Meist enthalten sie nur Zutaten, die auch im Gericht verwendet werden, beispielsweise Früchte, Kräuter oder Gewürze.

1

2

3

Spargel mit Sauce hollandaise

Dieses klassische Gericht ist eine einfache, aber beeindruckende Vorspeise. Wenn Sie die Zubereitung einer glatten, cremigen Sauce hollandaise erst aus dem Effeff beherrschen, können Sie sie auch wunderbar zu pochiertem Fisch oder gegrilltem Hähnchen, Fisch oder Steaks servieren.

FÜR 4 PERSONEN
Vorbereitung: 20–25 Minuten, plus Kühlen
Garzeit: 15 Minuten

650 g grüner Spargel, geputzt

Sauce hollandaise

4 EL Weißweinessig
½ EL fein gehackte Schalotte
5 schwarze Pfefferkörner
1 Lorbeerblatt
3 Eigelb (Größe L)
140 g Butter, klein gewürfelt
2 TL Zitronensaft
1 Prise Cayennepfeffer
Salz

1. Den Spargel in vier Portionen aufteilen und jede Portion mit Küchengarn zusammenbinden. Die Spargelbunde in einen hohen Topf stellen und so viel heißes Wasser zugießen, bis die Stangen etwa zu drei Viertel bedeckt sind. Die Stangen locker mit Alufolie abdecken; die glänzende Seite sollte dabei nach unten zeigen. Das Wasser erhitzen, bis es am Topfrand leicht aufwallt. Den Spargel etwa 10 Minuten kochen, bis er weich ist. Anschließend gut abtropfen lassen.

2. Unterdessen für die Sauce hollandaise Essig, Schalotte, Pfefferkörner sowie Lorbeerblatt in einen kleinen Topf geben und bei starker Hitze aufkochen, bis der Essig auf etwa 1 Esslöffel reduziert ist. Die Mischung leicht abkühlen lassen, dann in eine hitzebeständige, große Schüssel seihen.

3. Das Eigelb in der Essigmischung verquirlen. Die Schüssel auf einen Topf mit heißem (nicht kochendem) Wasser setzen und die Mischung so lange aufschlagen, bis sie andickt.

4. Nach und nach die Butterwürfel einrühren, bis die Sauce die Konsistenz von Mayonnaise hat. Dann Zitronensaft, Cayennepfeffer und Salz einrühren. Die Sauce sofort mit dem Spargel servieren.

Meeresfrüchtepäckchen mit Koriander-Kokos-Chutney

Dieses Gericht erhält seinen besonderen Charme dadurch, dass jeder Gast ein kleines Päckchen serviert bekommt, dessen Inhalt erst entdeckt werden muss. Die Meeresfrüchte werden zunächst mit dem aromatischen grünen Chutney vermengt und dann gebacken. Der Kontrast der Farben und Aromen macht dieses Gericht zu einer perfekten Vorspeise.

FÜR 4 PERSONEN
Vorbereitung: 30 Minuten, plus Ruhen
Garzeit: 12 Minuten

Pflanzenöl, zum Einfetten

12 Riesengarnelen, ausgelöst und Darmfäden entfernt

1 kg frische Miesmuscheln, abgebürstet und Bartfäden entfernt

8 Jakobsmuscheln

400 g festes weißfleischiges Fischfilet, z. B. Seebrasse oder Red Snapper, gehäutet und in Würfel geschnitten

Salz und Pfeffer

Koriander-Kokos-Chutney

100 g Kokosraspel

2 TL Koriandersamen

1 Knoblauchzehe, fein gehackt

2,5-cm-Stück frische Ingwerwurzel, gehackt

½ TL Salz

1 frischer grüner Chili, entkernt und fein gehackt

25 g frischer Koriander, plus etwas mehr zum Garnieren

100 g Kokoscreme

Saft von 1 Limette

1. Für das Chutney die Kokosraspel in eine hitzebeständige Schüssel geben und mit kochendem Wasser übergießen. Etwa 40 Minuten ziehen lassen. In der Zwischenzeit die Koriandersamen in einer Pfanne 2 Minuten trocken rösten.

2. Dann die Koriandersamen im Mörser zerstoßen und mit Knoblauch, Ingwer und Salz in die Küchenmaschine geben. Alles zu einer groben Paste verarbeiten und zum Schluss den Chili unterrühren. Die Kokosraspel abgießen und das Wasser dabei auffangen. Kokosraspel und zwei Drittel der Korianderblätter in die Küchenmaschine geben und zu einer glatten Paste verarbeiten.

3. Etwas von dem zurückbehaltenen Kokoswasser einrühren, damit die Paste nicht zu dick wird. Die Paste in eine Schüssel füllen, Kokoscreme und Limettensaft unterrühren und abschmecken. Das Chutney sollte scharf, süß und leicht sauer schmecken. Es schmeckt frisch am besten, hält sich jedoch gut abgedeckt auch einige Tage im Kühlschrank.

4. Anstatt Miesmuscheln, Jakobsmuscheln und weißfleischigen Fisch können Sie auch andere Kombinationen von Fischfilet und Meeresfrüchten verwenden, z. B. Kaisergranat, Hummer, Krebs oder Tintenfisch. Die Fischfilets sollten vollständig entgrätet und gut abgespült werden. Beschädigte Muscheln und Exemplare, die sich beim Gegenklopfen nicht schließen, sofort aussortieren und wegwerfen.

5. Den Backofen auf 200 °C vorheizen und zwei Backbleche miterhitzen. Vier sehr große, rechteckige Bögen Backpapier jeweils einmal in der Mitte falten, sodass die kürzeren Seiten übereinanderliegen. Dann wieder die beiden kurzen Seiten in der Mitte falten und übereinanderlegen. Nun die kurzen Seiten etwa 2,5 cm umschlagen, sodass Taschen mit einer offenen Seite entstehen. Die Backpapiertaschen innen mit Öl einpinseln. Garnelen, Muscheln und Fischstücke in eine große Schüssel geben und mit Salz und Pfeffer würzen.

6. Das Chutney zur Meeresfrüchte-Fisch-Mischung geben und alles gut vermengen. In die Backpapiertaschen füllen und die Öffnungen durch mehrmaliges Falten fest verschließen. Diese Päckchen können Sie auch schon einige Stunden vor dem Backen zubereiten und bis zum Garen im Kühlschrank aufbewahren. Je zwei Päckchen auf ein heißes Backblech geben. Etwa 10 Minuten im vorgeheizten Ofen backen.

7. Die Päckchen auf Servierteller verteilen. Ihre Gäste dürfen die Päckchen nun selbst öffnen, damit sie das volle Aroma genießen können. Beachten Sie jedoch, dass heißer Dampf aus den Taschen entweicht. Nach dem Öffnen der Päckchen das Gericht nach Belieben mit etwas Koriander garnieren. Muscheln, die sich nicht geöffnet haben, aussortieren.

Marinierter, gebackener Ricotta mit Röstgemüse

Marinierter frischer Ricotta und geröstetes Gemüse vereinen sich mit einem spritzigen Zitronen-Kräuter-Dressing wunderbar zu einem köstlichen fleischfreien Salat, der sich ideal als delikate Vorspeise vor einem Hauptgang mit Fleisch eignet.

FÜR 6 PERSONEN
Vorbereitung: 50 Minuten, plus Kühlen
Garzeit: 35 Minuten

400 g Ricotta (2 Portionen à 200 g)

2 Süßkartoffeln, in 3 cm große Würfel geschnitten

1 kleiner Butternusskürbis, geschält, entkernt und in 3 cm große Würfel geschnitten

Olivenöl, zum Beträufeln

2 Fenchelknollen

100 g Pinienkerne

2 Handvoll Rucola oder ähnlich pfeffrige Salatblätter

Salz und Pfeffer

Marinade

½ frischer roter Chili

3 EL Olivenöl

Saft von 1 Zitrone

Dressing

½ Knoblauchzehe, fein gehackt

1 Prise Salz

1 kleines Bund Basilikum, frisch gehackt, plus etwas mehr zum Garnieren

Saft und abgeriebene Schale von 1 Zitrone

4 EL natives Olivenöl extra

1. Den Backofen auf 200 °C vorheizen. Für die Marinade den Chili fein hacken und mit Olivenöl sowie Zitronensaft verrühren.

2. Beide Ricottaportionen auf einen Teller geben und die Marinade darübergießen. Süßkartoffel- und Kürbiswürfel mit Salz und Pfeffer würzen, mit etwas Öl beträufeln und gut vermengen. In einen Bräter oder eine Auflaufform geben und etwa 20 Minuten im vorgeheizten Ofen rösten, bis die Gemüsewürfel goldbraun sind.

3. Inzwischen den Fenchel halbieren, die harte äußere Schicht entfernen und den Fenchel in Scheiben schneiden.

4. Die Pinienkerne auf einem Backblech verteilen und im Ofen kurz goldbraun rösten.

5. Für das Dressing Knoblauch und Salz im Mörser zu einer Paste verarbeiten. Die Paste mit dem Basilikum in die Küchenmaschine geben und fein pürieren. Zitronensaft und -schale zugeben und alles glatt verarbeiten. Das Olivenöl zugießen und alles gut verrühren. Mit Salz und Pfeffer abschmecken.

6. Eine ofenfeste Pfanne auf mittlerer bis hoher Stufe erhitzen. Den Ricotta hineingeben und 2–3 Minuten anbräunen. Dann, falls möglich, vorsichtig wenden. Sollte der Käse zu weich sein, nur auf einer Seite bräunen. Den Fenchel um den Käse herum in der Pfanne verteilen und alles mit Salz und Pfeffer würzen. Die Pfanne in den Ofen geben und alles 5 Minuten rösten.

7. Die Süßkartoffel- und Kürbiswürfel leicht abkühlen lassen, in eine Schüssel geben und mit zwei Dritteln des Dressings vermengen. Den Rucola zufügen, dabei große Blätter etwas zerkleinern. Etwas Basilikum darüberstreuen. Dies sollten Sie erst unmittelbar vor dem Servieren durchführen, damit die Kräuter frisch bleiben und ihr Aroma behalten. Den Fenchel nun zugeben und den Ricotta vorsichtig darüberbröseln. Alles sehr vorsichtig vermengen.

8. Jeweils einen Speisering (8 cm Ø) auf den Serviertellern platzieren und vorsichtig mit dem Röstgemüse und dem Salat füllen. Das restliche Dressing darübergießen und alles mit weiterem Basilikum und Pinienkernen garnieren. Die Ringe entfernen und den Salat sofort servieren.

Salat von gegrillter Ente mit Orange & warmer Haselnuss-Vinaigrette

Saftige gegrillte Entenbrüste und frische Orangenspalten ergänzen sich ganz wunderbar. Geröstete Haselnüsse, Brunnenkresse und Minze verleihen diesem köstlichen warmen Salat knackigen Biss und Aroma.

FÜR 4–6 PERSONEN
Vorbereitung: 35–40 Minuten
Garzeit: 30 Minuten

2–3 Entenbrüste
100 g Haselnusskerne
200 g Brunnenkresse
4 Orangen, filetiert
30 frische Minzeblätter, plus einige Blätter mehr zum Garnieren
4 Schalotten, halbiert und in feine Ringe geschnitten
Salz und Pfeffer

Vinaigrette

50 ml Orangensaft
1 EL frische Thymianblätter
50 ml natives Olivenöl extra
2 EL Rotweinessig
2 EL Haselnuss- oder Walnussöl
Salz und Pfeffer

1. Den Backofen auf 200 °C vorheizen. Die Entenbrüste von überschüssigem Fett befreien und mit Salz und Pfeffer würzen.

2. Eine Pfanne bei geringer Hitze erwärmen und die Entenbrüste mit der Hautseite nach unten hineingeben. Etwa 15 Minuten braten, bis die Haut knusprig und ein Großteil des Fetts ausgelassen ist. Das überschüssige Fett aus der Pfanne abgießen.

3. Die Haselnüsse auf einem Backblech verteilen und etwa 5 Minuten im vorgeheizten Ofen goldgelb rösten.

4. Auf ein sauberes Küchentuch geben und die Nüsse kräftig abreiben, bis sich die Haut löst. Die Nüsse in die Küchenmaschine geben und grob hacken.

5. Die Entenbrüste mit Salz und Pfeffer würzen und mit der Fleischseite nach unten in einen Bräter legen. Im Ofen 8 Minuten medium garen oder nach Geschmack etwas länger, wenn sie durchgegart sein sollen. Zur Garprobe das Fleisch mit einem spitzen Messer an der dicksten Stelle einstechen. Das Fleisch sollte innen nicht mehr rosa und der austretende Saft klar sein.

6. Die Entenbrüste aus dem Ofen nehmen und beiseitestellen.

7. Die Zutaten für die Vinaigrette in einen kleinen Topf geben und bei geringer Hitze erwärmen, jedoch nicht aufkochen. Zum Servieren Brunnenkresse, Orangenfilets, Minze und Schalotten in eine Schüssel geben und vermengen.

8. Die noch warmen Entenbrüste in feine Scheiben schneiden. Den ausgetretenen Fleischsaft in die Vinaigrette rühren.

9. Die Hälfte der Haselnüsse in die Vinaigrette rühren.

10. Die Salatmischung mit den Entenscheiben dekorativ auf Serviertellern anrichten. Die warme Vinaigrette darüberträufeln und alles mit den restlichen Nüssen und zusätzlichen Minzeblättern garnieren.

Die 10 besten Serviertipps

Eine ansprechend präsentierte Mahlzeit bringt zusätzlichen Genuss. Lernen Sie mithilfe dieser einfachen, aber effektiven Tipps, Ihre kulinarischen Meisterwerke mit Stil zu servieren.

1. Der Teller ist wie ein Bilderrahmen – er sollte zum Gericht passen und es optimal in Szene setzen.

2. Richten Sie Speisen aus bestimmten Ländern auf Geschirr aus der gleichen Region an.

3. Zu buntes Geschirr oder Teller mit auffallenden Mustern lenken schnell von den Speisen ab.

4. Decken Sie den Tisch schlicht und elegant ein. So kommen die von Ihnen kreierten Gerichte am besten zur Geltung.

5. Kerzen schaffen bei einem Abendessen eine warme Atmosphäre. Auch marokkanische Lampen aus farbigem Glas oder asiatische Papierlaternen verbreiten eine wunderbare Stimmung.

6. Besonders schön wirkt es, wenn sich eine oder mehrere Farben auf den Servietten, in der Blumendekoration usw. wiederholen. Sie können den Tisch beispielsweise mit einer weißen Tischdecke und blau-weißen Servietten eindecken und mit blauen und weißen Blumen dekorieren.

7. Beseitigen Sie jegliche Fingerabdrücke und Saucenspritzer vom Tellerrand. In Restaurants verwendet man dafür ein sauberes Tuch, das kurz in eine Wasser-Essig-Mischung getaucht wird. Die Säure beseitigt das Fett, sodass es nicht auf dem Teller verschmiert wird.

8. Platzieren Sie das Gericht immer in der Mitte des Tellers. Auch sollten die Speisen nach Möglichkeit zur Mitte hin etwas höher geschichtet werden. Sie

müssen nicht den Schiefen Turm von Pisa nachbauen, aber das Gericht sollte auf dem Teller mittig platziert sein und etwas an Höhe gewinnen.

9. Wenn Sie verschiedene Gerichte für ein Büfett oder zum Grillen bereitstellen, sollten Sie diese lieber auf Servierplatten statt in großen Schüsseln anrichten. Es ist einladender, sich etwas von einer Servierplatte auf den Teller zu heben statt aus einer halbvollen großen Schüssel.

10. Wenn Sie ein Büfett zusammenstellen, variieren Sie die Höhe der Teller und Schüsseln, um die Gerichte besser ins Blickfeld zu rücken. Sie können zum Beispiel eine umgedrehte Schüssel oder ein Buch unter der Tischdecke platzieren und als „Podest“ für eine Servierplatte verwenden.

Die 10 besten Garniertipps

Die richtige Garnierung verleiht Ihren Speisen den passenden Farbtupfer und lässt sie interessanter aussehen. Schon ein paar gehackte Kräuter können ein Gericht aufpeppen. Mit diesen Garniertipps sind Ihre Mahlzeiten nicht nur ein Fest für die Zunge, sondern auch für die Augen!

1. Einfache Farbkontraste lenken den Blick am besten auf die Speisen. Rot und Weiß oder Orange und Weiß sind zum Beispiel sehr wirkungsvoll.

2. Die verschiedenen Zutaten in einem Gericht sollten möglichst in verschiedene Formen geschnitten werden. Ein Obstsalat aus der Dose sieht meist unappetitlich aus, weil alle Zutaten in gleich große Würfel geschnitten sind. Variieren Sie also, vor allem bei Salaten, die Größe und Form der verwendeten Zutaten. Das sieht sehr viel ansprechender aus.

3. Verwenden Sie stets eine ungerade Anzahl an Zutaten auf dem Teller, also drei oder fünf Jakobsmuscheln und nicht vier. Eine ungerade Anzahl erhöht die Aufmerksamkeit und regt das Gehirn aufgrund der Asymmetrie an.

4. Verwenden Sie fürs Garnieren Zutaten, die auch in dem Gericht verwendet werden. Beispielsweise gehackte Nüsse oder Granatapfelkerne, gehackte Minze oder Korianderblätter.

5. Bevorzugen Sie Zutaten mit leuchtenden Farben, z.B. Rote Bete, Kürbis, Süßkartoffeln sowie farbige Gewürze wie Safran und Kurkuma.

6. Mit frischen Kräutern, beispielsweise Basilikumblättern, können Sie aromatische Öle und Dressings selbst herstellen.

7. Wenn Sie Dressings und Saucen in kleine Kunststoffflaschen füllen, können Sie diese exakt dosiert auf dem Gericht verteilen.

8. Die natürliche Form der Zutaten sollte immer zur Geltung kommen. Schneiden Sie die Zutaten also nicht zu klein. So sollten beispielsweise geschmorte Pilze und Spargelstangen im Ganzen, Fenchel in Scheiben und Feigen halbiert oder geviertelt serviert werden.

9. Das einzelne Gericht sollte aus möglichst wenigen Zutaten bestehen. So kommt das Aroma der einzelnen Zutaten am besten zur Geltung.

10. Etwas Honig, Karamell oder Öl als Zutat einer Sauce oder eines Dressings können dem Gericht einen wundervollen Glanz verleihen. Sauce oder Dressing sollten immer erst unmittelbar vor dem Servieren auf dem Gericht verteilt werden.

Rib-Eye-Steaks mit Chimichurri & Süßkartoffelpüree

Die pikante Chimichurri-Sauce bildet in diesem verführerischen Hauptgang für zwei die ideale Ergänzung zu den gegrillten Rib-Eye-Steaks. Etwas cremiges Süßkartoffelpüree dazu – fertig ist ein herrliches romantisches Essen zu zweit.

FÜR 2 PERSONEN
Vorbereitung: 30 Minuten
Garzeit: 25–30 Minuten, plus Ruhen

2 Rib-Eye-Steaks (à 125 g)
1 EL Olivenöl
½ TL gemahlener Kreuzkümmel
Salz und Pfeffer

Chimichurri

15 g frisch gehackte glatte Petersilie
15 g frische Oreganoblätter
3 kleine Knoblauchzehen, grob gehackt
½ Schalotte, grob gehackt
¼ frischer roter Chili, entkernt und grob gehackt
3 EL natives Olivenöl extra, bei Bedarf etwas mehr
1 TL Rotweinessig
Saft von ¼ Zitrone

Süßkartoffelpüree

250 g Süßkartoffel, in 2 cm große Würfel geschnitten
20 g Butter

1. Für das Süßkartoffelpüree die Süßkartoffelwürfel in einem Topf mit leicht gesalzenem Wasser 12–15 Minuten kochen, bis sie sehr weich sind. Das Wasser abgießen und die Süßkartoffelwürfel im Topf mindestens 5 Minuten ohne Deckel ausdampfen lassen. Mit einem Kartoffelstampfer zerdrücken, bis die gewünschte Konsistenz erreicht ist.

2. Inzwischen für die Chimichurri alle Zutaten in einen Standmixer geben. Salzen und pfeffern, dann zu einer pestoartigen Masse verarbeiten. Wenn die Mischung zu fest erscheint, noch etwas Olivenöl zufügen. In eine Servierschale füllen und abgedeckt beiseitestellen.

3. Das Süßkartoffelpüree wieder sanft erhitzen und die Butter untermengen. Mit Salz und Pfeffer abschmecken und warm halten.

4. Die Steaks von beiden Seiten mit dem Öl einreiben. Mit Salz und Kreuzkümmel würzen. Eine Grillpfanne sehr stark erhitzen und die beiden Steaks darin von jeder Seite 2–3 Minuten bzw. länger bis zur gewünschten Garstufe braten, dann 2 Minuten ruhen lassen.

5. Die Steaks mit Chimichurri und Süßkartoffelpüree auf Tellern anrichten und sofort servieren.

Geschmorte Lammkeule mit Mandel-Petersilien-Gremolata

1. Den Backofen auf 180 °C vorheizen. Das Fleisch großzügig mit Salz und Pfeffer würzen. 1 Esslöffel Öl in einer großen, ofenfesten Pfanne erhitzen. Das Fleisch zugeben, und rundum 3 Minuten anbräunen. Die Pfanne vom Herd nehmen. Knoblauch, Chili und Rosmarin hacken und in einer Schüssel gut vermengen.

2. Die Tomaten halbieren, mit der Hautseite in die Hand nehmen, die Schnittfläche auf einer Reibe ansetzen und das Tomatenfleisch in eine Schüssel reiben. (Die Tomatenhaut bleibt dabei in Ihrer Hand zurück und kann entsorgt werden.)

3. Die Lammkeulen aus der Pfanne nehmen. Das restliche Öl in die Pfanne gießen, Knoblauch, Chili und Rosmarin zugeben und 2 Minuten andünsten. Die Zwiebeln zufügen und 5 Minuten glasig dünsten. Mit Salz und Pfeffer würzen.

4. Fleisch, Orangenschale, Lorbeerblätter, Zucker, Tomatenpüree, Wein und Wasser in die Pfanne geben.

5. Die Pfanne bedecken und alles bei mittlerer bis hoher Hitze zum Kochen bringen. Dann in den vorgeheizten Ofen geben und etwa 2½ Stunden garen; dabei das Fleisch regelmäßig mit dem Bratensaft übergießen.

6. In der Zwischenzeit für die Gremolata die Mandeln auf einem Backblech verteilen und im Ofen 3 Minuten rösten, bis sie goldbraun sind. Abkühlen lassen.

7. Den Knoblauch sehr fein hacken. Mandeln und Zitronenschale mit dem Knoblauch vermengen.

8. Die Petersilie zugeben und mit der Knoblauchmischung verrühren. Die Lammkeulen auf Servierteller verteilen und mit der Gremolata bestreuen. Sofort servieren.

Gegrillte Stubenküken auf asiatische Art

Ein wunderbares Gericht für einen Sommerabend im Freien! Bereiten Sie die marinierten Stubenküken im Voraus zu und legen Sie sie kurz vor dem Servieren einfach auf den Grill. Mit einem spritzigen Salat serviert, werden die fantastischen Aromen dieser ungewöhnlichen Kombination Ihre Gäste begeistern!

FÜR 4 PERSONEN
Vorbereitung: 35–40 Minuten, plus Marinieren
Garzeit: 40–50 Minuten, plus Ruhen

2 Stubenküken (à 450 g), an einer Seite längs aufgeschnitten

1 kleine Orange, in dünne Scheiben geschnitten

4 EL natives Olivenöl extra, plus etwas mehr zum Einfetten

1½ frisch gepresster Orangensaft

1 TL Sesamöl

400 g frische Brunnenkresse, geputzt, gewaschen und gründlich trocken getupft

1 rote Paprika, mit einem Sparschäler in dünne Streifen gehobelt

2 EL geröstete Sesamsaat

Salz und Pfeffer

frisch gehackte Korianderblätter, zum Garnieren

Marinade

6 EL Sonnenblumenöl

4 EL Sojasauce

2 EL Sesamöl

2 Knoblauchzehen, sehr fein gehackt

1-cm-Stück frische Ingwerwurzel, gerieben

1 Prise Chiliflocken, nach Geschmack

1. Für die Marinade alle Zutaten in einer nicht metallenen Schüssel mischen, in die beide Stubenküken passen, dann beiseitestellen.

2. Bei beiden Stubenküken die Haut vom Brustfleisch lösen. Die Orangenscheiben vorsichtig unter die Haut schieben und die Haut wieder über die Scheiben ziehen. Die Küken in die Marinade legen und rundum damit einreiben. Die Schüssel mit Frischhaltefolie abdecken und 4–24 Stunden im Kühlschrank marinieren, dabei gelegentlich wenden.

3. Die Stubenküken 20 Minuten vor dem Grillen aus dem Kühlschrank nehmen.

4. Den Holzkohlegrill anheizen. Den Grillrost mit Olivenöl bestreichen und etwa 10 cm über der Glut einschieben. Jedes Stubenküken oben und unten von links nach rechts auf zwei lange Metallspieße stecken, damit sie flach liegen.

5. Die Stubenküken mit der Brustseite nach unten auf den Grillrost legen und von jeder Seite 20–25 Minuten grillen, dabei gelegentlich mit der restlichen Marinade bestreichen. Wenn beim Einstechen in den dicksten Teil der Keulen klarer Saft austritt und das Fleisch nicht mehr rosa ist, ist das Geflügel gar.

6. 10 Minuten ruhen lassen, dann jedes Stubenküken halbieren und die Orangenscheiben entfernen.

7. Alternativ den Ofen auf 180 °C vorheizen. Eine große gusseiserne Grillpfanne auf starker Hitze heiß werden lassen, bis ein Spritzer Wasser auf der Oberfläche „tanzt". Mit Olivenöl bestreichen, dann die Stubenküken ohne Spieße hineinlegen und in 10 Minuten grillen, bis sie gebräunt sind.

8. Die Stubenküken wenden, die Pfanne in den vorgeheizten Ofen stellen und 30 Minuten garen, das Geflügel dabei gelegentlich mit der restlichen Marinade bestreichen. Die Stubenküken sind gar, wenn beim Einstechen in den dicksten Teil der Keulen klarer Saft austritt und das Fleisch nicht mehr rosa ist.

9. Inzwischen Olivenöl, Orangensaft und Sesamöl in einer nicht metallenen Schüssel mit Salz und Pfeffer nach Geschmack mischen. Brunnenkresse, Paprika und Sesamsaat zufügen und alles vermengen.

10. Auf jedem Teller eine Portion Salat anrichten und ein halbes Stubenküken darauflegen. Mit Koriander bestreuen und heiß oder auf Zimmertemperatur abgekühlt servieren.

Rindergulasch mit Kräuter-Käse-Klößchen & Grünkohl

Aromatisch, herzhaft und wärmend – dieses köstliche Gulasch passt perfekt zu einem kalten Winterabend und macht jeden Gast glücklich. Heizen Sie den Kamin an und entkorken Sie eine Flasche vollmundigen Rotwein dazu!

FÜR 4 PERSONEN
Vorbereitung: 40 Minuten
Garzeit: 3–3½ Stunden

4 EL Olivenöl

½ Zwiebel, fein gehackt

1 Porreestange, in feine Ringe geschnitten

1 Selleriestange, grob gehackt

4 Knoblauchzehen, fein gehackt

1 TL Tomatenmark

900 g Rindergulasch aus der Hesse

40 g Quinoamehl

125 ml Weinbrand

800 ml Rinderbrühe

1 EL frische Thymianblätter

2 EL fein gehackte glatte Petersilie

6 Gewürznelken

2 Lorbeerblätter

200 g Grünkohl, grob gehackt

Saft von ¼ Zitrone

Salz und Pfeffer

Kräuter-Käse-Klößchen

125 g Quinoamehl

20 g Rindertalg

60 g alter Gouda, gerieben

1 TL Backpulver

1 EL frische Thymianblätter

2 EL fein gehackte glatte Petersilie

1. 2 Esslöffel Öl in einem Bräter mit Deckel erhitzen. Zwiebel, Porree und Sellerie darin bei mittlerer Hitze 5 Minuten dünsten, bis sie weich sind.

2. Knoblauch und Tomatenmark unterrühren. Die Hitze auf mittlere bis niedrige Stufe reduzieren und köcheln lassen, während das Fleisch gebraten wird.

3. Das restliche Öl in einer großen, schweren Pfanne auf hoher Stufe erhitzen, bis es zu rauchen beginnt. Das Gulasch salzen und pfeffern und portionsweise einige Minuten rundum anbräunen.

4. Mit einem Schaumlöffel auf einen Teller geben. Dann das ganze Fleisch in den Bräter geben und mit dem Gemüse mischen. Mit dem Quinoamehl bestreuen.

5. Die Hitze auf mittlere Stufe reduzieren und den Bratensatz in der Pfanne mit dem Weinbrand ablöschen (Achtung: Weinbrand kann sich schnell entzünden!). Mit einem Holzlöffel den Bratensatz vom Boden lösen und über das Fleisch gießen. Die Brühe zugießen, dann Thymian, Petersilie, Paprika, Nelken und Lorbeerblätter zugeben. Mit Salz und Pfeffer würzen.

6. Einmal aufkochen, dann die Hitze auf niedrige Stufe reduzieren und bei aufgesetztem Deckel 2–2½ Stunden schmoren, bis die Sauce sämig und das Fleisch so weich ist, dass es sich mit einem Löffel zerteilen lässt.

7. Für die Kräuterklößchen Quinoamehl, Talg, Käse, Backpulver und Kräuter in einer großen Schüssel vermengen. Nach und nach das Wasser unterrühren, bis die Zutaten binden und ein fester Teig entsteht. Zu zwölf Kugeln formen.

8. Nach 2–2½ Stunden Garzeit die Klößchen auf dem Gulasch verteilen und bei aufgesetztem Deckel 20 Minuten schmoren, bis sie durchgegart sind.

9. Den Grünkohl in einem großen Topf mit leicht gesalzenem Wasser 2 Minuten blanchieren. Gut abtropfen lassen. Mit dem Zitronensaft beträufeln und kurz darin wenden. Sofort zusammen mit Gulasch und Klößchen servieren.

Pulled Pork mit Süßkartoffelpüree

Langsam gegrilltes Schweinefleisch wird hier zu butterzarten, saftigen, aromatischen Streifen zerzupft, die anschließend mit hausgemachter Chilisauce vermischt und mit Süßkartoffelpüree serviert werden. Ideal für ein sommerliches Abendessen im Freien mit der Familie oder Freunden.

FÜR 6–8 PERSONEN
Vorbereitung: 35–40 Minuten
Garzeit: 12 Stunden, plus Ruhen

3 kg Schweineschulter am Knochen, ohne Schwarte

Gewürzmischung

1 EL Paprikapulver
2 EL brauner Zucker
1 TL getrockneter Thymian
1 TL getrockneter Oregano
2 TL Pfeffer
1 TL Knoblauchsalz
1 TL Selleriesalz
1 TL Salz
1 TL Zwiebelpulver

Chilisauce

2 EL milder Senf
2 EL Apfelessig
2 EL Zuckerrübensirup
2 EL Tomatenketchup
1 EL Sriracha-Sauce (scharfe Chilisauce)

Süßkartoffelpüree

1 kg Süßkartoffeln, gewürfelt
200 g gesalzene Butter, gewürfelt
1 TL Pfeffer

1. Den Grill zum Smoken bei niedriger Hitze vorbereiten.

2. Für die Gewürzmischung alle Zutaten in einer Schale vermengen.

3. Die Schweineschulter auf ein Brett legen und rundum mit der Gewürzmischung einreiben.

4. Die Schweineschulter mit der Fettschicht nach oben auf den Rost legen. Bei aufgesetztem Deckel 12 Stunden smoken, bis sich eine dicke goldbraune Kruste gebildet hat. Zur Garprobe das Fleisch an der dicksten Stelle einstechen; der austretende Saft sollte klar und das Fleisch nicht mehr rosa sein. In Alufolie einschlagen und an einem warmen Ort 30 Minuten ruhen lassen.

5. Für die Chilisauce alle Zutaten in einer Schale glatt rühren.

6. Die Süßkartoffeln in einem großen Topf gar dämpfen oder kochen. Gut abtropfen lassen und zerstampfen. Butter und Pfeffer einarbeiten.

7. Die Schweineschulter entbeinen und das Fleisch in Streifen zerzupfen. Das Fleisch sollte sehr zart sein. In eine große Schüssel geben. Die Chilisauce darübergießen und vorsichtig unterheben, damit das Fleisch nicht weiter zerfällt.

8. Das Schweinefleisch sofort mit dem Süßkartoffelpüree servieren.

Linguine mit Grünkohl & Zitrone

Dieses verführerische fleischfreie Gericht beeindruckt durch die einfache und doch fantastische Verschmelzung frischer Aromen. Das satte Grün von Grünkohl und Schnittlauch machen es zudem zu einem wahren Augenschmaus. Dazu passt ein einfacher Blattsalat und warmes, knuspriges Brot.

FÜR 2–3 PERSONEN
Vorbereitung: 15–20 Minuten
Garzeit: 20 Minuten

250 g Grünkohl, dicke Blattrippen entfernt, Blätter quer in dünne Streifen geschnitten
225 g Linguine
8 EL Olivenöl
1 Zwiebel, gehackt
1 Knoblauchzehe, in sehr feine Scheiben geschnitten
fein abgeriebene Schale von 1 großen Zitrone
1 große Prise Chiliflocken
3 EL frisch gehackter Schnittlauch
4 EL frisch geriebener Parmesan
Salz und Pfeffer

1. Wasser in einem großen Topf zum Kochen bringen. Den Grünkohl darin 2 Minuten blanchieren, bis er leicht zusammenfällt. Abgießen und das Wasser auffangen. Beiseitestellen.

2. Die Linguine im Grünkohlwasser 10–12 Minuten kochen, bis sie al dente sind.

3. In der Zwischenzeit das Öl in einer großen Pfanne auf mittlerer bis hoher Stufe erhitzen. Die Zwiebel 2–3 Minuten darin glasig dünsten. Den Knoblauch zufügen und 1 Minute dünsten.

4. Grünkohl, abgeriebene Zitronenschale und Chiliflocken einrühren und mit Salz und Pfeffer würzen. Auf mittlerer Stufe 4–5 Minuten garen und gelegentlich umrühren. Etwas Kochwasser zugießen, falls nötig.

5. Die Pasta abgießen und in eine vorgewärmte Servierschüssel füllen. Die Grünkohlmischung unter die Linguine mengen. Schnittlauch und Parmesan unterheben und mit Salz und Pfeffer würzen. Sofort servieren.

Sautierte Jakobsmuscheln mit Minze-Chili-Dressing

Beweisen Sie Ihr Kochtalent mit dieser wunderbaren Kombination aus sautierten frischen Jakobsmuscheln auf einem Bett aus pfeffrigen Salatblättern mit aromatischen Puy-Linsen, kross gebratene Pancetta und pikantem Minz-Chili-Dressing.

FÜR 4–6 PERSONEN
Vorbereitung: 35 Minuten
Garzeit: 25–28 Minuten

100 g Puy-Linsen
2 Knoblauchzehen, geschält
1 Selleriestange, in zwei oder drei Stücke geschnitten
2 Lorbeerblätter
20 frische Petersilienblätter (Stängel aufbewahren)
Olivenöl, zum Beträufeln und Braten
Saft und abgeriebene Schale von 1 Zitrone
2 EL Rotweinessig, plus etwas mehr zum Ablöschen
20 frische Basilikumblätter, grob gehackt
20 frische Minzeblätter, grob gehackt
1 Handvoll Rucola, grob gehackt
20 Jakobsmuscheln, ausgelöst
8 Scheiben Pancetta
Salz und Pfeffer
pfeffrige Salatblätter, z.B. Rucola, zum Servieren

Minze-Chili-Dressing

2 frische rote Chilis, entkernt und gehackt
1 kleiner Bund frische Minze
100 ml natives Olivenöl extra
Saft von 1 Zitrone
Salz und Pfeffer

1. Die Linsen in einen Topf geben und mit kaltem Wasser bedecken. Knoblauch, Sellerie, Lorbeer und Petersilienstängel zufügen und aufkochen. Die Hitze reduzieren.

2. Die Linsen 12–15 Minuten und sanft köcheln lassen. Gegen Ende der Garzeit die Linsen probieren. Sie sollten gar, aber noch etwas bissfest sein. Vom Herd nehmen und das Kochwasser bis auf eine kleine Menge abgießen. Knoblauch, Lorbeer, Sellerie und Petersilienstängel entfernen und wegwerfen. Die Linsen mit etwas Olivenöl, Zitronensaft und -schale, Essig, Salz und Pfeffer anmachen. Dafür sollten die Linsen noch heiß sein, damit sie die Aromen besser aufnehmen.

3. Die Linsenmischung etwas abkühlen lassen. Dann Petersilie, Basilikum, Minze und Rucola zugeben, alles vermengen und beiseitestellen.

4. Für das Dressing Chilis, Minze, Olivenöl und Zitronensaft in eine Schüssel geben mit Salz und Pfeffer würzen und alles gut verrühren.

5. Die Jakosbmuscheln abspülen. Den Corail (Rogen) entfernen und die Muscheln mit Küchenpapier trocken tupfen. 1 Esslöffel Öl in einer Pfanne auf hoher Stufe erhitzen und die Pancetta-Scheiben darin 2 Minuten unter Wenden knusprig braten. Auf Küchenpapier abtropfen lassen.

6. Die Jakosbmuscheln mit Salz und Pfeffer würzen. Noch etwas Olivenöl in die Pfanne gießen und auf hoher Stufe erhitzen.

7. Die Jakobsmuscheln 45 Sekunden darin braten. Die Muscheln dann rasch mithilfe von 2 Esslöffeln – einen in jeder Hand – wenden.

8. Weitere 40 Sekunden goldgelb braten. Aus der Pfanne heben und auf Küchenpapier abtropfen lassen.

9. Etwas Essig in die Pfanne geben, den Bodensatz unter Rühren lösen und unter das Dressing heben.

10. Zum Servieren einige Salatblätter auf den Serviertellern anrichten. Die warmen Linsen darauf verteilen, dann einige Jakobsmuscheln darauflegen. Die Pancetta-Scheiben auf den Muscheln verteilen und alles mit dem Dressing beträufeln. Sofort servieren.

Wildpilz-Risotto

Nehmen Sie sich Zeit für dieses klassische Rezept. Ihre Geduld wird garantiert belohnt: Der köstlich-cremige, aromatische Pilz-Risotto ist ein ideales fleischfreies Gericht für einen geselligen Abend mit Freunden.

FÜR 6 PERSONEN
Vorbereitung: 20 Minuten, plus Einweichen
Garzeit: 30–40 Minuten

50 g getrocknete Steinpilze oder Morcheln

4 EL natives Olivenöl extra

500 g gemischte frische Wildpilze, z.B. Steinpilze, Wiesenchampignons und Pfifferlinge, geputzt und große Exemplare halbiert

3–4 Knoblauchzehen, fein gehackt

50 g Butter

1 Zwiebel, fein gehackt

350 g Risottoreis

50 ml trockener weißer Wermut

1,25 l heiße Hühner- oder Gemüsebrühe

120 g Parmesan, frisch gerieben

4 EL frisch gehackte glatte Petersilie

Salz und Pfeffer

1. Die getrockneten Pilze in eine Schale geben und mit kochendem Wasser übergießen, 30 Minuten ziehen lassen, herausnehmen und abtropfen. Das Einweichwasser durch ein mit Küchenpapier ausgelegtes Sieb seihen. Beiseitestellen.

2. In einer großen Pfanne 3 Esslöffel Öl erhitzen. Die frischen Pilze darin 1–2 Minuten unter Rühren braten. Knoblauch und eingeweichte Pilze zufügen. Weitere 2 Minuten pfannenrühren, dann auf einen Teller geben und beiseitestellen.

3. Die Hälfte der Butter mit dem restlichen Öl in einem großen, schweren Topf zerlassen. Die Zwiebel darin bei mittlerer Hitze unter gelegentlichem Rühren 2 Minuten weich dünsten.

4. Die Hitze reduzieren, den Reis zugeben und unter Rühren 2–3 Minuten dünsten, bis er glasig wird. Dann den Wermut zugießen und 1 Minute kochen, bis er stark reduziert ist.

5. Die Brühe kellenweise zugeben, dabei ständig rühren und weitere Brühe zugießen, sobald der Reis die vorige Portion aufgesogen hat. Garen, bis der Reis cremig ist. Die Hälfte des Einweichwassers sowie alle Pilze in den Topf geben und mit Salz und Pfeffer würzen. Gegebenenfalls mehr Einweichwasser zufügen. Vom Herd nehmen, restliche Butter, Parmesan und Petersilie einrühren und den Risotto sofort servieren.

Hummersalat mit Kräutermayonnaise à la Parisienne

Mit diesem Salat aus frischem Hummer mit hausgemachter Kräutermayonnaise können Sie so richtig Eindruck schinden. Servieren Sie dazu Kartoffeln und Salatblätter – fertig ist der ultimative Salat der Saison!

FÜR 4 PERSONEN
Vorbereitung: 40 Minuten, plus Kühlen
Garzeit: 20 Minuten

2 lebende Hummer (à 750 g), oder 500 g gekochtes frisches Hummerfleisch

1 große Salatgurke

1 Kopfsalat

4 hart gekochte Eier, halbiert

Salz und Pfeffer

gedämpfte oder gekochte neue Kartoffeln und Salat, zum Servieren

Mayonnaise

2 Eigelb

1 TL Dijon-Senf

100 ml natives Olivenöl extra

160 ml Sonnenblumenöl

1 EL Zitronensaft

4 EL kaltes Wasser

1 kleine Handvoll Petersilie, fein gehackt

1 kleine Handvoll Dill, fein gehackt

1 kleine Handvoll Kerbelblätter (nach Belieben), fein gehackt

Salz und Pfeffer

1. In einem großen, schweren Topf stark gesalzenes Wasser zum Kochen bringen. Die Hummer mit dem Kopf zuerst hineingeben. Das Wasser erneut zum Kochen bringen und die Hummer 15 Minuten garen. Dann abtropfen und auskühlen lassen.

2. Für die Mayonnaise Eigelb und Senf im Standmixer vermengen. Bei laufendem Motor das Olivenöl und dann das Sonnenblumenöl in einem dünnen, ständigen Strahl zugießen, bis eine dickcremige Masse entstanden ist. Zitronensaft, Wasser, Salz und Pfeffer zufügen und kurz untermischen. Die Kräuter unterheben. Die Mayonnaise in eine Schale füllen und im Kühlschrank aufbewahren.

3. Die Gurke schälen, halbieren und entkernen. Mit einem Sparschäler in feine Streifen schneiden.

4. Die Hummer längs halbieren, dabei den dunklen Darmfaden am Schwanz herauslösen, dann den Magensack hinter dem Kopf entfernen. Die Scheren mit der flachen Seite eines Kochmessers aufbrechen.

5. Auf vier Serviertellern jeweils ein Salatbett auslegen. Einige Gurkenstreifen darauf verteilen, zwei Eierhälften sowie die Hummerhälften darauf anrichten. Mit Salz und Pfeffer würzen. Etwas Mayonnaise auf den Teller geben und den Hummer mit Kartoffeln und einem Salat servieren.

Gebackener Fisch im Bananenblatt nach parsischer Art

Beeindrucken Sie Ihre Gäste mit diesem einfachen, aber sehr aparten Fischgericht. Servieren Sie jedem Gast ein eigenes Bananenblattpäckchen und freuen Sie sich an ihrer Überraschung, wenn sie beim Auswickeln ein saftiges, würziges Fischfilet darin finden.

FÜR 4 PERSONEN
Vorbereitung: 25–30 Minuten
Garzeit: 15–20 Minuten

4 Kabeljaufilets (à 200 g)
2 TL gemahlene Kurkuma
1 großes, frisches Bananenblatt

Gewürzpaste

2 TL gemahlene Kreuzkümmelsamen
2 TL gemahlener Koriander
1½ TL Palmzucker
200 g Kokoscreme
4 frische rote Chilis, entkernt und gehackt
100 g frisch gehackter Koriander
4 EL frisch gehackte Minze
5 Knoblauchzehen, gehackt
1 TL fein geriebene frische Ingwerwurzel
4 EL Pflanzen- oder Erdnussöl
Saft von 2 Limetten
2 TL Salz

1. Den Backofen auf 200 °C vorheizen

2. Die Fischfilets nebeneinander auf einem Teller platzieren, die Kurkuma darüberstreuen und das Fischfilet damit einreiben. Beiseitestellen.

3. Die Zutaten für die Gewürzpaste in eine Küchenmaschine geben und mixen, bis eine glatte Masse entsteht. Beiseitestellen.

4. Das Bananenblatt in vier Quadrate mit 24 cm Seitenlänge schneiden. Einige Sekunden in eine Pfanne mit heißem Wasser legen, um die Bananenblattstücke biegsam zu machen. Mit Küchenpapier trocken tupfen und auf der Arbeitsfläche auslegen.

5. Die Gewürzpaste großzügig auf beide Seiten der Fischfilets auftragen. Auf jedes Bananenblattquadrat ein Stück Fisch geben, zu einem Päckchen zusammenfalten und mit einem Bambusspieß oder Küchengarn fixieren.

6. Die Päckchen auf ein Backblech geben und im vorgeheizten Ofen 15–20 Minuten backen, bis der Fisch gar ist. Auf Teller geben und sofort servieren.

Weintipps für Anfänger & Fortgeschrittene

Ob Sie bereits Weinkenner oder noch relativ unbedarft sind: Wenn es darum geht, den passenden Wein zum Essen zu servieren, gibt es keine festen Regeln, denn häufig ist das reine Geschmackssache. Es gibt allerdings Weine, die besonders gut zu bestimmten Speisen passen, während andere, vielseitigere Weine zu verschiedenen Gerichten serviert werden können.

Viele Supermärkte, Weinhändler und Onlinehändler bieten fachmännischen Rat beim Weinkauf und beraten den Käufer auch, welche Weine zu verschiedenen Gerichten besonders gut passen. Auch an Weinregalen oder auf dem Etikett finden sich häufig nützliche Tipps zu diesem Thema; vielleicht haben Sie auch einen Lieblingswein, der ideal zu dem Essen passt, dass Sie servieren wollen.

Allgemein kann man sagen, dass der Wein zur dominantesten Zutat oder dem hervorstechendsten Aroma des Gerichtes passen sollte. Es geht darum, ein Gleichgewicht zwischen beiden herzustellen, damit Wein und Essen sich gegenseitig sinnvoll ergänzen und nicht niederkämpfen.

So passen zu eher zarten Speisen mit feinen Aromen wie einfachem Hähnchen, weißfleischigem Fisch, Nudel- oder Reisgerichten sanfte, leichtere Weine (überwiegend Weißweine, aber auch einige Rotweine), während kräftigere, herzhaftere Gerichte wie Rindfleisch- und Lammfleischgerichte oder Steaks meist gut von kräftigeren Rotweinen ergänzt werden.

Manche Weine passen problemlos zu zwei oder mehr Gängen (beispielsweise zur Vorspeise und dem

Hauptgang oder zum Hauptgang und dem Käse), andere wiederum sollten lieber nur zu einem Gang serviert werden.

Wenn Sie also den passenden Wein zum Essen suchen, sollten Sie vor allem die Intensität des Aromas und die Schwere des Essens berücksichtigen und auf der anderen Seite Körper oder Schwere des Weines. Ein Wein kann leicht, von mittlerem Körper oder vollmundig sein (der Körper eines Weines hängt hauptsächlich von seinem Alkoholgehalt ab – der Alkohol verleiht dem Wein seine Viskosität und damit auch ein ganz eigenes Mundgefühl).

Weitere Aspekte, die es zu berücksichtigen gilt, sind der Säuregehalt des Weins (und des Essens), die Tannine im Wein (Tannine finden sich vorwiegend in Rotweinen) und die Süße von Weißwein.

Es ist wichtig, den Wein mit der korrekten Temperatur zu servieren, damit alle Aromen sich optimal entfalten können. Allgemein lässt sich sagen, dass Weißwein, Rosé und Perlweine am besten gekühlt serviert werden, Rotweine dagegen bei Raumtemperatur, doch gibt es Ausnahmen von dieser Regel. Manche leichteren Rotweine zum Beispiel sollten besser leicht gekühlt auf den Tisch kommen. Sehen Sie auf dem Etikett nach, was für den Wein empfohlen wird, den Sie servieren. Eine normale Flasche Wein reicht für etwa vier bis sechs Personen.

Wenn Sie einen Rotwein zum Essen gewählt haben, lassen Sie ihn vor dem Servieren unbedingt bei Raumtemperatur atmen. Öffnen Sie dazu etwa eine Stunde vor dem Essen die Flasche und gießen Sie den Wein idealerweise in einen Weindekanter. Achten Sie darauf, Weißwein, Rosé und Perlwein gut gekühlt zu servieren. Stellen Sie einen Eiskübel oder Weinkühler bereit, um den Wein kalt zu stellen, damit Sie während des Essens nicht ständig zum Kühlschrank gehen müssen. Auch einen Korkenzieher sollten Sie schon einmal bereitlegen, ebenso ein bis zwei Flaschenstopfen zum „Wiederverkorken" von offenen Flaschen.

Wenn es bei Ihrem Essen spritzig zugehen soll, gibt es keinen besseren Startschuss als das Öffnen einer Flasche Champagner, Cava oder Prosecco, auch wenn es noch andere interessante Möglichkeiten gibt. Champagner ist natürlich die beste Wahl, aber auch die teuerste; Cava und Prosecco bieten hier gute Alternativen für schmalere Geldbeutel.

Gästen, die keinen Wein trinken, können Sie ein kühles Bier oder Lager servieren oder auch Cidre und Spirituosen. Es gibt auch alkoholfreie Weine und Biere für alle, die keinen Alkohol trinken möchten oder noch Auto fahren müssen. Ein Krug mit eisgekühltem Leitungs- oder Mineralwasser auf dem Tisch ist deshalb immer eine willkommene Ergänzung zu den Getränken.

Feigentartelettes mit Crème de Cassis & Honig-Mascarpone

1. Den Backofen auf 180 °C vorheizen. Orangensaft und Honig in einem kleinen Topf verrühren und aufkochen. Etwa 10 Minuten unter Rühren zu einem Sirup einkochen, dann die Crème de Cassis einrühren. Die Feigen halbieren und in den Topf geben. Den Sirup darüberlöffeln, sodass die Feigen bedeckt sind. Den Topf vom Herd nehmen.

2. Den Blätterteig auf eine leicht bemehlte Arbeitsfläche geben und etwa 5 mm dick ausrollen. Mithilfe einer Untertasse oder eines großen, runden Teigausstechers sechs Teigkreise ausstechen und jeden Kreis auf ein Stück Backpapier legen. Den Teig mehrfach mit einer Gabel einstechen; dabei einen Rand von etwa 2 cm lassen. Die Teigkreise 20 Minuten in den Kühlschrank legen. Dann etwa 10 Minuten im vorgeheizten Ofen goldbraun backen.

3. In der Zwischenzeit Butter und Zucker in der Küchenmaschine cremig rühren. Mandeln und Orangenschale zugeben und gut verrühren. Eigelb und 1 Esslöffel vom Feigensirup zufügen und alles glatt rühren.

4. Auf jeden gebackenen Teigkreis etwas von der Mandelmischung geben und verstreichen; dabei sollte der Rand frei bleiben. Je vier Feigenhälften auf jedes Törtchen geben und mit Feigensirup beträufeln.

5. Die Ofentemperatur auf 160 °C reduzieren. Die Törtchen in den Ofen geben und etwa 12 Minuten backen, bis die Mandelmischung fest und der Teig schön knusprig ist. In der Zwischenzeit den restlichen Feigensirup unter Rühren erhitzen und etwas reduzieren. Die Törtchen aus dem Ofen nehmen und die Feigen mit dem noch heißen Sirup beträufeln.

6. Für den Honig-Mascarpone den Mascarpone in eine Schüssel geben und mit Joghurt, Honig und Vanillemark verrühren. Die Törtchen auf Serviertellern anrichten und mit dem Honig-Mascarpone servieren.

Heiße Schokoladentörtchen mit kandierter Orangenschale

Schokolade und Orange sind und bleiben ein Traumpaar. Das gilt auch für diese köstlichen gebackenen Schokoladenpuddings mit dem flüssigen Kern, die mit kandierter Orangenschale serviert werden. Echte Schokoholics werden sich nach diesem dekadenten Dessert alle Finger ablecken!

FÜR 6 PERSONEN

125 g Zartbitterschokolade, in Stücke gebrochen

80 g Butter, plus etwas mehr zum Einfetten

2 Gewürznelken

2 Kardamomkapseln

1 Prise Zimt

1 Prise frisch geriebene Muskatnuss

abgeriebene Schale von 1 großen Orange

2 Eier (Größe L)

2 Eigelb (Größe L)

3 EL Zucker

Kandierte Orangenschale

5 Orangen

500 ml Wasser

8 Kardamomkapseln

2 Zimtstangen

2 Gewürznelken

½ TL frisch geriebene Muskatnuss

300 g Zucker

1. Den Backofen auf 220 °C vorheizen. Sechs Ramequin-Förmchen (6 cm Ø) leicht mit Butter einfetten und mit etwas Mehl bestäuben.

2. Schokolade und Butter in eine hitzebeständige Schüssel geben, diese auf einen Topf mit köchelndem Wasser setzen und die Schokoladenmischung unter Rühren schmelzen.

3. Nelken und ausgelöste Kardamomsamen im Mörser zerstoßen, Zimt und Muskatnuss zufügen und alles zu einem feinen Pulver verarbeiten. Die Schokoladenmischung vom Herd nehmen und etwas abkühlen lassen. Dann Gewürze und Orangenschale einrühren.

4. In einer weiteren Schüssel Eier, Eigelb und Zucker schaumig rühren. Zuerst die Schokoladenmischung, dann das Mehl unterheben.

5. Den Teig auf die Formen verteilen und 8–10 Minuten im vorgeheizten Ofen backen; die Oberfläche der Törtchen sollte fest, der Kern jedoch noch flüssig sein.

6. In der Zwischenzeit für die kandierte Orangenschale die Orangen mit einem scharfen Messer schälen. Beim Schälen immer mit ins Fruchtfleisch schneiden, sodass ein etwa 5 mm dickes Stück Fruchtfleisch noch an der Schale hängt; dabei über einer Schüssel arbeiten, um den austretenden Saft aufzufangen. Das Orangenfruchtfleisch anderweitig verwenden.

7. Orangenschale mit dem aufgefangenen Saft in einen Topf geben und mit dem Wasser bedecken.

8. Aufkochen und etwa 30 Minuten köcheln lassen, bis die Flüssigkeit um ein Drittel reduziert ist.

9. Die Kardamomkapseln im Mörser zerstoßen und die harten grünen Kapselteile entfernen. Die Kardamomsamen zusammen mit den anderen Gewürzen und dem Zucker zu der Orangenschale in den Topf geben. So lange unter Rühren erwärmen, bis sich der Zucker aufgelöst hat. Dann die Mischung erneut aufkochen und alles etwa 30 Minuten köcheln. Abkühlen lassen, dann die Schalenstücke in Streifen schneiden und den Sirup aufbewahren.

10. Zum Servieren jedes Törtchen mit einem Messer vorsichtig aus der Form lösen und auf einen Servierteller geben. Die kandierte Orangenschale um die Törtchen herum verteilen. Alles mit dem Sirup beträufeln und servieren.

Mokka-Soufflés mit Mascarpone

Wenn Sie ein einfaches, aber raffiniertes Dessert für eine Dinnerparty suchen, sind diese kleinen Soufflés genau das Richtige. Sie sind rasch gebacken, müssen dann aber direkt aus dem Ofen serviert werden.

FÜR 4 PERSONEN
Vorbereitung: 25–30 Minuten, plus Kühlen
Garzeit: 18–20 Minuten

2 TL Butter, zum Einfetten
2 EL gemahlene Mandeln
1 EL Kakaopulver, plus etwas mehr zum Bestäuben
1 EL frisch aufgebrühter starker Espresso
1 kleine Prise Meersalz
5 EL kaltes Wasser
3 Eiweiß
1 EL Reissirup
4 EL Mascarpone, zum Servieren

1. Den Backofen auf 190 °C vorheizen. Vier Ramequin-Förmchen mit der Butter einfetten und mit den gemahlenen Mandeln ausstreuen, sodass Boden und Seitenwände bedeckt sind.

2. Kakao, Espresso, Salz und Wasser in einem kleinen Topf auf niedriger Stufe erhitzen und rühren, bis die Mischung glatt ist. Die Hitze auf mittlere bis starke Stufe erhöhen und zum Kochen bringen. 1 weitere Minute kochen, dann in eine große Schüssel füllen und erkalten lassen.

3. Das Eiweiß in einer zweiten, sauberen Schüssel mit dem Reissirup steif schlagen. Zunächst 1 Esslöffel Eischnee mit einem Metalllöffel unter die Kakaomischung heben, dann den Rest. Dabei darauf achten, dass die Masse so luftig wie möglich bleibt.

4. Die Soufflé-Masse in die vorbereiteten Förmchen füllen und im vorgeheizten Ofen 10–12 Minuten backen, bis die Soufflés schön aufgegangen sind.

5. Den Mascarpone auf die Soufflés setzen und mit Kakao bestäuben. Sofort servieren, bevor die Soufflés zusammenfallen.

Crème brûlée mit Pflaumen & Brombeeren

Diese üppigen, verschwenderischen Klassiker unter den Desserts bekommen hier eine besondere Note durch eine köstliche Mischung leicht gekochter Herbstfrüchte unter der locker-cremigen obersten Schicht. Das ideale Dessert für ein herbstliches Festessen.

FÜR 6 PERSONEN
Vorbereitung: 25 Minuten, plus Kühlen
Garzeit: 14–15 Minuten

300 g Pflaumen, entsteint und in Streifen geschnitten
175 g Brombeeren
2 EL Wasser
¼ TL Zimt
5 EL heller Muskovado-Zucker
225 g Schlagsahne
225 g griechischer Naturjoghurt

1. Pflaumen, Brombeeren und Wasser in einen Topf geben. Mit Zimt und 2 Esslöffeln Zucker bestreuen, abdecken und bei mittlerer bis schwacher Hitze 10 Minuten köcheln lassen, das Obst sollte gerade weich sein. Abkühlen lassen.

2. Die Sahne in einer großen Schüssel luftig aufschlagen, dann den Joghurt unterheben.

3. Die Früchte und etwas von dem Kochsud auf sechs kleine Ramequin-Förmchen (175 ml Inhalt) verteilen. Die Sahnecreme löffelweise darübergeben und glatt streichen. Mindestens 30 Minuten kalt stellen.

4. In der Zwischenzeit den Backofengrill auf hoher Stufe vorheizen. Die restlichen 3 Esslöffel Zucker auf die sechs Desserts verteilen, dann die Förmchen in einen großen Bräter setzen und rundherum Eis einfüllen, damit die Creme kalt bleibt. 4–5 Minuten unter den Backofengrill stellen, bis der Zucker karamellisiert. 2 Minuten abkühlen lassen, dann servieren.

Ziegenkäse mit Honig & Walnüssen

Honig und Walnüsse passen erstaunlich gut zu Ziegenkäse! Nach einer üppigen Mahlzeit ist dieses Dessert besonders köstlich. Eine frische und fruchtige Variante entsteht durch frische Birnenspalten, die Sie zu den Portionen servieren.

FÜR 4 PERSONEN
Vorbereitung: 10–15 Minuten
Keine Garzeit

175 g qualitativ hochwertiger Ziegenkäse, z.B. Monte Enebro, am Stück

120 g flüssiger Honig, z.B. Orangenblüten- oder Thymianhonig

100 g Walnusskernhälften, gehackt

1. Den Käse mindestens 20 Minuten vor dem Servieren aus dem Kühlschrank nehmen und auf Raumtemperatur bringen.

2. Den Honig in eine Schüssel gießen. Die Walnüsse in eine weitere Schüssel geben.

3. Den Ziegenkäse auf einem Käsebrett mit einem Käsemesser servieren und jeden Gast selbst eine Scheibe abschneiden lassen. Den Honig mit einem Honiglöffel (falls vorhanden) darüberträufeln und mit den gehackten Walnüssen bestreuen.

4. Alternativ den Käse in Viertel schneiden und auf vier Servierteller verteilen. Mit dem Honig beträufeln, mit den gehackten Walnüssen bestreuen und servieren.

Dieses elegante Sorbet ist ein luxuriöses, leichtes Dessert und ein sehr erfrischender Abschluss nach einem üppigen Mahl. Bereiten Sie es im Voraus zu und lassen Sie es kurz vor dem Servieren etwas antauen.

FÜR 4 PERSONEN

Vorbereitung: 15–20 Minuten, plus Kühlen und Einfrieren

Garzeit: 5–7 Minuten

Saft von 1 Zitrone

200 ml Wasser

150 g Zucker

1 EL Glukosesirup

250 ml Champagner

frische Minzeblätter oder Holunderblüten, zum Garnieren

---

1. Bis auf den Champagner alle Zutaten in einen kleinen Topf geben und bei geringer Hitze verrühren, bis sich der Zucker aufgelöst hat. Die Hitze erhöhen und die Mischung zum Kochen bringen. Dann den Topf vom Herd nehmen und die Mischung auf Zimmertemperatur abkühlen lassen.

2. Den Champagner einrühren. Bei Verwendung einer Eismaschine die Sorbetmasse in die Eismaschine füllen und 30–45 Minuten oder nach Herstellerangaben verarbeiten.

3. Alternativ die Sorbetmasse in einen Gefrierbehälter füllen und offen 1–2 Stunden gefrieren. Dann die Masse in eine Schüssel füllen und kräftig rühren, um die Eiskristalle aufzubrechen. Das Sorbet wieder in den Gefrierbehälter geben und weitere 2–3 Stunden gefrieren, bis es fest ist. Für eine weitere Lagerung den Behälter mit einem Deckel verschließen.

4. Vor dem Servieren das Sorbet bei Zimmertemperatur etwas weich werden lassen. Mit Minze garniert in Eisbechern servieren.

Martini
Geschüttelt, nicht gerührt!

Champagne Sidecar
Eine prima Alternative zu Buck's Fizz.

Long Island Iced Tea
Klassisch und erfrischend.

Black Velvet
Für Bier- und Weintrinker gleichermaßen.

Martini

FÜR 1 PERSON
Vorbereitung: 10 Minuten
Keine Garzeit

4–6 gestoßene Eiswürfel
6 cl Gin
1 TL trockener Wermut (nach Geschmack)
1 Cocktailolive, zum Garnieren

1. Die gestoßenen Eiswürfel in einen Shaker geben.

2. Gin und Wermut über die Eiswürfel gießen.

3. Kräftig schütteln, bis der Shaker deutlich beschlagen ist, dann in ein gekühltes Cocktailglas abseihen.

4. Mit der Olive garnieren und sofort servieren.

Champagne Sidecar

FÜR 1 PERSON
Vorbereitung: 10 Minuten
Keine Garzeit

3 cl Bourbon Whisky
2 cl Cointreau
½ cl Zitronensaft
Eiswürfel
Champagner, eisgekühlt

1. Bourbon, Cointreau und Zitronensaft auf Eis schütteln und in eine gekühlte Sektflöte abseihen.

2. Mit eiskaltem Champagner auffüllen und sofort servieren.

Long Island Iced Tea

FÜR 1 PERSON
Vorbereitung: 12 Minuten
Keine Garzeit

gestoßene Eiswürfel
2 cl Wodka
2 cl Gin
2 cl weißer Tequila
2 cl weißer Rum
1 cl weißer Crème de Menthe
4 cl Zitronensaft
1 TL feiner Zucker
Cola
1 Limettenspalte, zum Garnieren

1. In den Shaker 4–6 gestoßene Eiswürfel geben. Bis auf die Cola alle flüssigen Zutaten über das Eis gießen und kräftig schütteln, bis der Shaker beschlägt.

2. Ein Longdrinkglas zur Hälfte mit gestoßenem Eis füllen und den Cocktail darüber abseihen.

3. Mit Cola auffüllen, mit der Limettenspalte garnieren und sofort servieren.

Black Velvet

FÜR 1 PERSON
Vorbereitung: 5 Minuten
Keine Garzeit

Stout oder Guinness, gekühlt
Schaumwein, eisgekühlt

1. Das Glas zur Hälfte mit dem Stout füllen, dann die gleiche Menge Schaumwein vorsichtig über einen Löffelrücken am Glasrand über das Bier schichten. Sofort servieren.

Der beste Sonntagsbrunch

Ein Brunch am Sonntag ist die ideale Gelegenheit, den halben Tag in leckerem, unkompliziertem Essen zu schwelgen. Am ruhigsten Tag der Woche kann man gern mal alles etwas langsamer angehen und sich entspannen. Brunch-Gerichte sind genau dafür da – sie bieten maximalen Genuss bei minimalem kulinarischem Aufwand. Es bleibt nur noch ein Tag, bevor am Montag die Arbeitswoche wieder beginnt. Machen Sie das Beste daraus!

Am Sonntagmorgen gibt es doch nichts Schöneres, als zu relaxen und dabei einen langen, gemütlichen Brunch zu genießen. Mahlen Sie nach dem Aufstehen einige Kaffeebohnen und brauen Sie sich einen Espresso. Dann machen Sie es sich mit der Zeitung gemütlich, bevor Sie darüber nachdenken, was Sie für einen köstlichen Brunch schnell auf den Tisch zaubern können.

Wenn Sie einen Entsafter oder eine Zitruspresse besitzen, könnten Sie frischen Obst- oder Gemüsesaft pressen und ihn für später in den Kühlschrank stellen oder auch im Standmixer einen einfachen Smoothie zubereiten, der Ihnen die nötige Energie zum Kochen verleiht.

In diesem Kapitel finden Sie eine tolle Auswahl an köstlichen Gerichten, die ebenso aromatisch wie appetitlich sind. Diese entspannten, zwanglosen Rezepte erfordern nicht allzu viel Mühe und sind trotzdem genau das Richtige für alle, die den Tag gern mit etwas Gehaltvollem beginnen, wie beispielsweise Rührei, Pfannkuchen, kalte Platten, Pasteten, Tartes und Frittatas.

Zu den genialen Grundrezepten gehören Spinat-Rührei mit Vollkorntoast und Eier Florentine mit Spinat & Käse sowie andere Köstlichkeiten wie Frittata mit Avocado, Speck & Chili oder Mini-Pasteten mit Lachs & Brokkoli. Unter den Gemüsefans werden die Herzhaften Pfannkuchen mit Pesto & Spinat vor allem bei denen, die etwas Gehaltvolles suchen, sicher lebhaften Anklang finden.

Wenn Sie in Feierlaune sind oder einen richtig faulen Nachmittag planen, versuchen Sie doch einmal die verlockenden Cocktails, etwa die Klassiker wie Mint Julep oder Bloody Mary oder den stylishen Champagne Cocktail.

Viele der Rezepte lassen sich ohne viel Mühe zubereiten und einige auch im Voraus. So können Sie den Sonntag ganz in Ruhe und ohne Hektik beginnen. Bereiten Sie je nach Anzahl der Brunchgäste mehrere Gerichte zu und arrangieren Sie alles so, dass sich jeder selbst bedienen kann. Die Spinat-Vollkorntarte mit Feta & Erbsen oder die Kürbisquiche mit Ziegenkäse & Chorizo lassen sich beide im Voraus zubereiten. Dazu brauchen Sie nur noch frisches, knuspriges Brot in Scheiben, frisch getoasteten Toast oder frisch gebackene Croissants. Sehr lecker schmecken auch krosse Cracker, dazu gute Butter und ein bis zwei Gläser hausgemachtes Chutney oder Essiggemüse.

Wenn Sie allerdings nichts weiter wollen, als ein ruhiges Wochenende zu verbringen, warum servieren Sie sich den Brunch nicht einmal selbst ans Bett? Nichts wäre verlockender, als sich den Vormittag entspannt mit dieser köstlichen Auswahl an Wohlfühlrezepten zu vertreiben. Was könnte es für einen besseren Start in einen faulen Sonntag geben? Der Stress der Arbeitswoche ist noch weit, weit entfernt ...

Spinat-Rührei mit Vollkorntoast

Rührei mit warmem, knusprigem Vollkorntoast zum Brunch ist kaum zu toppen, aber blanchierter Spinat und Muskatnuss sorgen hier bei dem Klassiker für Extraaroma und Pfiff.

FÜR 4 PERSONEN
Vorbereitung: 15 Minuten
Garzeit: 15 Minuten

200 g Babyspinat
8 Eier (Größe L)
3 EL Milch
15 g Butter
4 Scheiben Vollkorn-Roggenbrot
1 Prise frisch geriebene Muskatnuss
Salz und Pfeffer

1. Eine große Pfanne auf mittlerer Stufe erhitzen. Den Spinat waschen, grob hacken und leicht abgetropft in die Pfanne geben. Unter Rühren zusammenfallen lassen. In einem Durchschlag gründlich ausdrücken. Warm halten.

2. Die Eier in einer Schüssel verquirlen, die Milch zugeben und mit Salz und Pfeffer würzen.

3. Die Butter bei mittlerer Hitze in der Pfanne zerlassen. Die Eier hineingeben und unter Rühren 5–6 Minuten garen. Dann den Spinat zugeben, unterheben und 2–3 Minuten weitergaren.

4. Inzwischen das Brot toasten und die Scheiben diagonal halbieren.

5. Das Rührei auf den Brothälften verteilen, mit dem Muskat bestreuen und sofort servieren.

Eier Florentine mit Spinat & Käse

Dieses großartige Rezept aus Eiern ist genau das Richtige für alle, die den Tag gern mit etwas Gehaltvollerem beginnen. Direkt aus dem Ofen heiß servieren.

FÜR 4 PERSONEN
Vorbereitung: 15–20 Minuten
Garzeit: 15–20 Minuten

1 EL Olivenöl

200 g Babyspinat, gewaschen und abgetropft

4 dicke Scheiben Ciabatta

25 g Butter

4 Eier (Größe L)

100 g Gouda, gerieben

frisch geriebene Muskatnuss, zum Bestäuben

Salz und Pfeffer

1. Den Backofengrill vorheizen. Das Öl in einem Wok oder hohen Topf erhitzen. Den Spinat darin 2–3 Minuten unter Rühren dünsten, bis die Blätter zusammenfallen. In einem Durchschlag abtropfen lassen. Wieder in den Topf geben und mit Salz und Pfeffer würzen. Warm halten.

2. Die Brotscheiben auf beiden Seiten goldbraun grillen, mit der Butter bestreichen und mit der gebutterten Seite nach oben in eine große, flache Auflaufform setzen.

3. In einem kleinen Topf leicht gesalzenes Wasser zum Kochen bringen. Die Eier aufschlagen, ins heiße Wasser geben und etwa 3 Minuten pochieren, bis das Eiweiß fest, das Eigelb aber noch flüssig ist. Mit einem Schaumlöffel herausnehmen.

4. Den Spinat auf die Brotscheiben verteilen und je ein pochiertes Ei daraufsetzen. Mit dem geriebenen Käse bestreuen. Unter dem heißen Backofengrill 1–2 Minuten überbacken, bis der Käse geschmolzen ist. Mit Muskatnuss bestäuben und servieren.

Zucchiniröstí mit Räucherlachs & Rührei

Zucchinirösti aus der Pfanne mit dünnen Scheiben Räucherlachs und cremigem Rührei sind eine köstliche Kombination und ideal für einen gemütlichen, geruhsamen Sonntagsbrunch für zwei.

FÜR 2 PERSONEN
Vorbereitung: 25 Minuten
Garzeit: 15–22 Minuten

3 Eier (Größe L)
1 EL Schlagsahne
2 TL Schnittlauchröllchen
15 g Butter
2 große Scheiben Räucherlachs, zum Servieren
Salz und Pfeffer

Rösti

300 g Zucchini, geraspelt
2 TL Quinoamehl
20 g Parmesan, frisch gerieben
1 Eigelb (Größe L)
1 EL Schlagsahne
1 EL Pflanzenöl

1. Den Backofen auf 110 °C vorheizen. Für die Rösti die Zucchiniraspel auf ein sauberes Küchentuch geben, einschlagen und über dem Spülbecken ausdrücken.

2. Zucchini, Mehl, Parmesan, Eigelb und Sahne in einer Schüssel sorgfältig verrühren. Die Masse zu zwei Kugeln formen und mit den Handflächen flach drücken.

3. Das Öl in einer kleinen Pfanne erhitzen. Die Rösti darin portionsweise bei niedriger bis mittlerer Hitze 5–8 Minuten von jeder Seite goldbraun braten. Auf ein Backblech heben und im vorgeheizten Ofen warm halten.

4. Für das Rührei die Eier in eine Schüssel geben. Salzen und pfeffern. Sahne und Schnittlauch zufügen und alles mit einer Gabel verquirlen.

5. Die Pfanne mit Küchenpapier auswischen. Die Butter darin bei niedriger Hitze zerlassen. Die Eier hineingeben und unter Rühren 5–6 Minuten garen, bis die Eiermasse gestockt ist.

6. Die warmen Rösti auf Servierteller geben und das Rührei darauf verteilen. Mit den Lachsscheiben anrichten. Etwas Pfeffer darübermahlen und sofort servieren.

Wurzelgemüse mit Pilzen & Ei

Wenn Sie Abwechslung auf den Tisch bringen möchten, verführen Sie Ihre Gäste doch mal mit diesem köstlichen Wurzelgemüse aus der Pfanne mit Yamswurzeln und Steckrüben. Direkt aus der Pfanne servieren, reinhauen und glücklich sein!

FÜR 4 PERSONEN

Vorbereitung: 20–25 Minuten

Garzeit: 25–30 Minuten

3 EL Olivenöl

500 g Yamswurzeln, gewürfelt

280 g Steckrüben, gewürfelt

1 Zwiebel, gehackt

175 g durchwachsener Speck, gewürfelt

250 g Champignons, in Scheiben geschnitten

4 Eier

Salz und Pfeffer

frisch gehackte Petersilie, zum Garnieren

1. Das Öl in einer großen Pfanne auf hoher Stufe erhitzen. Yamswurzeln und Steckrüben zugeben, mit dem Öl überziehen und mit Salz und Pfeffer würzen. Unter gelegentlichem Rühren 10–15 Minuten braten, bis das Gemüse goldbraun und weich ist.

2. Zwiebel und Speck zugeben, umrühren und etwa 5 Minuten weiterbraten, bis die Zwiebel weich und der Speck gar ist. Die Champignons einrühren, die Pfanne abdecken und weitere 5 Minuten garen.

3. Vier Mulden in die Mischung drücken und in jede 1 Ei aufschlagen. Die Pfanne wieder abdecken und weitere 3–4 Minuten garen, bis das Eiweiß gestockt ist, das Eigelb aber noch flüssig ist.

4. Das Gericht auf vier vorgewärmte Teller verteilen. Mit Petersilie garniert sofort servieren.

Gemischte Fleisch-Antipasti

Die Einfachheit dieses Gerichts macht seinen Charme aus – es sieht klasse aus, und jeder kann sich einfach selbst bedienen. Wenn Sie mögen, können Sie die Platte etwas im Voraus zusammenstellen.

FÜR 4 PERSONEN
Vorbereitung: 20–25 Minuten
Keine Garzeit

1 Cantaloupe-Melone

50 g italienische Salami, in dünne Scheiben geschnitten

8 Scheiben Prosciutto

8 Scheiben Bresaola

8 Scheiben Mortadella

4 Eiertomaten, in dünne Scheiben geschnitten

4 vollreife Feigen, geviertelt

50 g schwarze Oliven, entsteint

2 EL frisch gehackte Basilikumblätter

frisch gemahlener schwarzer Pfeffer

4 EL natives Olivenöl extra, plus etwas mehr zum Servieren

in Scheiben geschnittene Ciabatta, zum Servieren

1. Die Melone halbieren, die Kerne herauskratzen und das Fruchtfleisch in acht Spalten schneiden. Die Spalten nebeneinander am Rand einer großen Servierplatte platzieren.

2. Salami-, Prosciutto-, Bresaola- und Mortadellascheiben locker falten und nebeneinander unterhalb der Melonenspalten anrichten. Tomatenscheiben und Feigenviertel in der Mitte der Servierplatte arrangieren.

3. Oliven, Basilikum und Pfeffer darübergeben und alles mit dem Olivenöl beträufeln. Mit Ciabattascheiben und zusätzlichem Olivenöl servieren.

Spinat-Vollkorntarte mit Feta & Erbsen

Wer lieber fleischfrei genießt, wird von den Aromen dieser sehr verlockenden sommerlichen Gemüse-Tarte begeistert sein. Reichen Sie dazu einige pfeffrige Salatblätter.

FÜR 6 PERSONEN
Vorbereitung: 35 Minuten, plus Kühlen
Garzeit: 1–1¼ Stunden

15 g Butter

3 Frühlingszwiebeln, in feine Ringe geschnitten

200 g Babyspinat, gewaschen und abgetropft

100 g frische Erbsen, gepalt

3 Eier

250 ml Milch

100 g Feta, fein zerkrümelt

120 g Cocktailtomaten

Salz und Pfeffer

Teig

120 g kalte Butter, gewürfelt

225 g Weizenvollkornmehl, plus etwas mehr zum Bestäuben

2 Eier, verquirlt

1. Für den Teig Butter und Mehl in eine Schüssel geben und mit Salz und Pfeffer bestreuen. Die Butter in das Mehl einarbeiten, bis eine krümelige Masse entsteht. Nach und nach die Eier unterrühren, bis sich alles zu einem weichen, aber nicht klebrigen Teig verbunden hat.

2. Die Arbeitsfläche leicht mit Mehl bestäuben. Den Teig vorsichtig durchkneten, dann zu einem etwa 30 cm großen Kreis ausrollen. Den Teig in eine Tarteform mit Hebeboden (26 cm Ø) legen, an Boden und Seiten andrücken, der Rand sollte etwas überstehen, da er beim Backen etwas einsinkt. Den Boden mehrfach mit einer Gabel einstechen.

3. Die Tarteform mit Frischhaltefolie abdecken und 15–30 Minuten im Kühlschrank ruhen lassen. Inzwischen den Backofen auf 190 °C vorheizen.

4. Für die Füllung die Butter in einer Pfanne bei mittlerer Hitze zerlassen. Die Frühlingszwiebeln zugeben und 2–3 Minuten braten. Den Spinat zugeben, den Herd auf starke Hitze stellen und die Spinatblätter unter Rühren kurz zusammenfallen lassen. Zum Abkühlen beiseitestellen.

5. Die Erbsen in kochendem Wasser 2 Minuten garen. Abtropfen lassen, dann in eiskaltem Wasser abschrecken, anschließend nochmals abtropfen lassen. Eier, Milch, Salz und Pfeffer in einer Schüssel verquirlen.

6. Die Tarteform mit Backpapier auslegen und darauf Backbohnen geben. Auf ein Backblech stellen und im Ofen 10 Minuten blindbacken. Dann Papier und Bohnen entfernen und den Teig 5 Minuten backen, bis der Boden schön knusprig ist.

7. Die Frühlingszwiebel-Spinat-Mischung über den verquirlten Eiern ausdrücken, dann auf dem Teigboden verteilen. Die Erbsen daraufgeben und den Käse darüber verteilen. Die Eiermasse nochmals verquirlen, dann über das Gemüse gießen und die Tarte mit den Tomaten belegen. 40–50 Minuten backen. Die Masse sollte gestockt und gebräunt sein. 20 Minuten abkühlen lassen, dann servieren.

Frittata mit Avocado, Speck & Chili

Frittatas sind ein Klassiker unter den Brunchrezepten. Avocados steuern hier neue Aromen und Konsistenz bei, frischer Chili und Limettensaft sorgen für den richtigen Pep.

FÜR 4 PERSONEN
Vorbereitung: 20–25 Minuten
Garzeit: 12–17 Minuten

1 EL Pflanzenöl

8 Scheiben durchwachsener Frühstücksspeck, grob gehackt

6 Eier, verquirlt

3 EL Schlagsahne

2 große Avocados, geschält und in Scheiben geschnitten

1 frischer roter Chili, entkernt und in feine Ringe geschnitten

Saft von ½ Limette

Salz und Pfeffer

---

1. Den Backofengrill vorheizen. Das Öl in einer ofenfesten Pfanne (20 cm Ø) erhitzen und den Speck darin bei mittlerer Hitze 4–5 Minuten unter Rühren braten, bis er knusprig und gebräunt ist. Mit einem Schaumlöffel auf Küchenpapier legen und abtropfen lassen.

2. Die Eier in einer Schüssel mit der Sahne verrühren und mit Salz und Pfeffer würzen. Die Eier in die Pfanne gießen und 1–2 Minuten ohne Rühren stocken lassen. Speck und Avocadoscheiben hineingeben und weitere 2–3 Minuten garen, bis

3. Die Frittata unter dem heißen Grill 3–4 Minuten garen, bis auch die Oberseite gebräunt und gestockt ist. Die Chiliringe darauf verteilen und mit dem Limettensaft beträufeln. In Stücke schneiden und servieren.

Herzhafte Pfannkuchen mit Pesto & Spinat

Hausgemachter Pesto ist schwer zu toppen und passt wunderbar zu Béchamelsauce und Spinat in diesem Rezept. Zu kross gebackenen Pfannkuchen ist das der Hit an jeder Sonntagsbrunchtafel.

FÜR 6 PERSONEN
Vorbereitung: 50 Minuten, plus Kühlen
Garzeit: 50–55 Minuten

1 Portion Béchamelsauce (Fertigprodukt)
Olivenöl, zum Braten
Rucola, zum Servieren

Pfannkuchenteig

300 g Mehl
2 Eigelb
2 EL Olivenöl
500 ml Milch
Salz und Pfeffer

Pesto

3 EL Pinienkerne
2 große Knoblauchzehen, fein gehackt
½ TL grobes Meersalz
2 Bund frisches Basilikum
50 g Parmesan, frisch gerieben
125 ml Olivenöl
Saft von ½ Zitrone

Spinatfüllung

1 EL natives Olivenöl extra
1 Knoblauchzehe, längs in feine Scheiben geschnitten
250 g Babyspinat, gewaschen und gut abgetropft
1 Spritzer Zitronensaft
Salz und Pfeffer

1. Den Backofen auf 190 °C vorheizen. Für den Pesto die Pinienkerne auf einem Backblech verteilen und 3–4 Minuten im vorgeheizten Ofen goldbraun rösten. Knoblauch und Salz in einem großen Mörser zerdrücken. Die Pinienkerne zugeben und alles zu einer dicken Paste verarbeiten. Dann das Basilikum grob hacken, portionsweise in den Mörser geben und so lange bearbeiten, bis eine glatte Paste entsteht. Nun den Parmesan vorsichtig unterheben.

2. Nach und nach Olivenöl und Zitronensaft unter Rühren zugießen und alles mit Salz und Pfeffer würzen. Das Pesto direkt verwenden oder bis zur Verwendung in einem luftdicht verschlossenen Behälter im Kühlschrank aufbewahren.

3. Für die Füllung das Olivenöl in einer großen Pfanne oder einem Wok erhitzen. Den Knoblauch zugeben und unter Rühren goldgelb anbraten. Den Spinat zugeben, die Pfanne abdecken und 2 Minuten garen, bis die Spinatblätter zusammenfallen; dabei immer wieder die Pfanne rütteln. Die Flüssigkeit aus der Pfanne abgießen und den Spinat mit Salz, Pfeffer und Zitronensaft abschmecken.

4. Den Pesto mit der Béchamelsauce verrühren und unter den Spinat heben. Erneut mit Salz und Pfeffer abschmecken.

5. Für den Pfannkuchenteig das Mehl in eine große Schüssel sieben und eine Vertiefung in die Mitte drücken. Eigelb, Olivenöl, Salz und Pfeffer hineingeben. Das Mehl nun von den Rändern einarbeiten, bis ein Teig entsteht. Mit einem Schneebesen rühren und dabei die Milch zugießen. Der Teig sollte eine sehr dickflüssige Konsistenz haben.

6. Eine beschichtete Pfanne erhitzen, dann einige Tropfen Ol zufügen. Mit einem Schöpflöffel etwas Teig in die Pfanne geben und durch Schwenken verteilen, sodass der Boden der Pfanne bedeckt ist. Überschüssigen Teig zurück in die Schüssel gießen.

7. Den Pfannkuchen bei mittlerer bis hoher Hitze 1–2 Minuten anbraten, bis die Unterseite goldbraun und knusprig ist. Dann den Pfannkuchen mithilfe eines Palettenmessers vom Boden lösen und wenden. Kurz ausbacken, dann aus der Pfanne heben und auf Küchenpapier abtropfen lassen. Mit dem restlichen Teig ebenso verfahren. Den Backofen auf 180 °C vorheizen.

8. In die Mitte jedes Pfannkuchens etwas von der Spinatmischung geben und verstreichen. Dann die Seiten der Pfannkuchen einschlagen und fest aufrollen.

9. Die Pfannkuchenrollen dicht nebeneinander in eine Auflaufform geben und etwa 8–10 Minuten im vorgeheizten Ofen backen. Mit Rucola angerichtet sofort servieren.

Kürbisquiche mit Ziegenkäse & Chorizo

Gerösteter Butternusskürbis und würzige Chorizo gehen in dieser cremigen Quiche eine wunderbare Verbindung ein. Wenn der Duft aus dem Ofen steigt, wird allen Gästen das Wasser im Mund zusammenlaufen! Ein ausgezeichnetes Rezept für die Brunchtafel.

FÜR 4 PERSONEN

400 g Butternusskürbisfleisch, gewürfelt

1 EL Olivenöl

200 g Chorizo, in kleine Stücke geschnitten

3 Eier

100 g Crème fraîche

2 EL frische Thymianblätter

100 g halbfester Ziegenkäse

Salz und Pfeffer

grüne Salatblätter, zum Servieren (nach Belieben)

Teig

50 g kalte Butter, gewürfelt

100 g Weizenvollkornmehl, plus etwas mehr zum Bestäuben

2 EL kaltes Wasser

1. Den Backofen auf 190 °C vorheizen.

2. Für den Teig Butter und Mehl mit etwas Salz und Pfeffer in eine Schüssel geben und mit den Fingern feinkrümelig verreiben. Nach und nach so viel Wasser einarbeiten, dass ein weicher, nicht klebriger Teig entsteht. Alternativ in der Küchenmaschine verkneten.

3. Den Teig auf einer leicht bemehlten Arbeitsfläche zu einer Scheibe formen und in Frischhaltefolie einschlagen. Mindestens 30 Minuten im Kühlschrank ruhen lassen.

4. Inzwischen für den Belag die Kürbiswürfel in eine große Auflaufform geben. Salzen und pfeffern und sorgfältig mit dem Öl vermengen.

5. Im vorgeheizten Ofen 15 Minuten garen. Die Chorizo untermischen und weitere 15 Minuten garen, bis der Kürbis weich und leicht gebräunt und die Chorizo knusprig ist. Abkühlen lassen.

6. Den Teig auf einer bemehlten Arbeitsfläche zu einem knapp 23 cm großen Kreis ausrollen. Auf ein mit Backpapier belegtes Backblech heben und mehrmals mit einer Gabel einstechen.

7. Im vorgeheizten Ofen 20 Minuten backen. Den Boden einer Springform (20 cm Ø) als Schablone darauflegen und einen Kreis ausschneiden. Abkühlen lassen.

8. Inzwischen die Eier in einer Schüssel mit einer Gabel leicht verquirlen. Crème fraîche und Thymian unterrühren und großzügig mit Pfeffer würzen.

9. Die Ofentemperatur auf 160 °C reduzieren. Die Springform mit Backpapier auskleiden.

10. Den abgekühlten Teigboden in die Form setzen und mit Kürbis und Chorizo belegen. Mit der Eiermischung übergießen und den Ziegenkäse darauf verteilen.

11. Die Quiche 30 Minuten backen, bis der Belag fest ist.

12. Warm oder auf Zimmertemperatur abgekühlt mit Salatblättern, falls verwendet, servieren.

Mini-Pasteten mit Lachs & Brokkoli

Beweisen Sie mit diesen köstlichen goldbraunen kleinen Pasteten, dass Sie ein Händchen für Gebäck haben. Ideal geeignet für einen Sonntagsbrunch mit Freunden.

ERGIBT 8
Vorbereitung: 35 Minuten, plus Kühlen
Garzeit: 40–45 Minuten

Füllung

125 g Brokkoliröschen
125 g Lachsfilet
25 g Butter
25 g Mehl
275 ml warme Milch
Salz und Pfeffer
Salat, zum Servieren

Teig

225 g Mehl, plus etwas mehr zum Bestäuben
1 Prise Salz
120 g Butter
3 EL Eiswasser
1 Ei, mit 1 EL Wasser leicht verquirlt

1. Den Brokkoli in leicht gesalzenem Wasser 5–10 Minuten kochen, bis er gar ist. Abtropfen und abkühlen lassen. Inzwischen leicht gesalzenes Wasser in einem anderen Topf zum Kochen bringen, dann auf kleine Hitze reduzieren. Den Fisch hineingeben und unter einmaligem Wenden 5 Minuten pochieren, bis das Fleisch leicht auseinanderfällt. Herausnehmen und abkühlen lassen.

2. Die Butter in einem Topf zerlassen, das Mehl zugeben und unter ständigem Rühren bei geringer Hitze 2 Minuten anschwitzen. Nach und nach die Milch zugießen. Unter Rühren aufkochen, dann köcheln und weiterrühren, bis eine glatte Creme entsteht. Mit Salz und Pfeffer abschmecken, vom Herd nehmen und abkühlen lassen. Gelegentlich umrühren.

3. Für den Teig Mehl und Salz in eine Schüssel sieben. Die Butter zugeben und mit den Händen einkneten, sodass eine krümelige Masse entsteht. Das Wasser zugießen und vermischen, bis ein glatter Teig entsteht. Sollte der Teig zu trocken sein, etwas mehr Wasser zufügen.

4. Zu einer Kugel formen, abdecken und 30 Minuten kalt stellen.

5. Die Haut vom Fisch entfernen und den Fisch in Stücke zerteilen. Mit den Brokkoliröschen in eine Schüssel geben. Die Sauce darübergießen, verrühren und abschmecken.

6. Den Backofen auf 200 °C vorheizen. Den Teig auf einer leicht bemehlten Arbeitsfläche ausrollen und 16 Kreise (10 cm Ø) ausstechen. Acht Kreise in acht Vertiefungen einer Muffinform legen. Löffelweise die Lachsmischung in die Formen geben, dabei nicht bis zum Rand füllen. Die Ränder der übrigen Teigkreise mit Wasser bestreichen und damit die Pasteten abdecken. Die Ränder festdrücken.

7. Die Teigdeckel mit dem verquirlten Ei bestreichen und die Pasteten 20–25 Minuten im vorgeheizten Ofen backen, bis sie goldbraun sind. Mit Salat servieren.

Frische Limonade
Ideal für Sommervormittage.

Champagne Cocktail
Ein entspannter Start in den Sonntag.

Mint Julep
Erfrischender Cocktail für den Brunch unter Freunden.

Bloody Mary
Der ultimative Brunch-Begleiter.

Frische Limonade

FÜR 6 PERSONEN
Vorbereitung: 20 Minuten, plus Ruhen
Keine Garzeit

4 große Zitronen
175 g Zucker
850 ml kochendes Wasser
Eiswürfel

1. Die Zitronen unter fließendem Wasser abbürsten und dann trocknen. Mit einem Sparschäler 3 Zitronen dünn schälen. Die Schale in einen großen Krug oder eine Bowle geben, Zucker und kochendes Wasser hinzufügen und rühren, bis der Zucker aufgelöst ist. Abdecken und mindestens 3 Stunden ziehen lassen. Dabei gelegentlich rühren. Inzwischen die 3 Zitronen ausdrücken und den Saft beiseitestellen.

2. Die Zitronenschale aus dem Wasser nehmen und den Saft einrühren. Die letzte Zitrone in dünne Scheiben schneiden und diese halbieren. Mit Eiswürfeln in die Limonade geben. Umrühren und sofort servieren.

Champagne Cocktail

FÜR 1 PERSON
Vorbereitung: 10 Minuten
Keine Garzeit

1 Zuckerwürfel
2 Spritzer Angostura
2 cl Weinbrand
Champagner, eisgekühlt

1. Den Zuckerwürfel auf den Boden einer gekühlten Sektflöte geben. Angostura und Weinbrand zugießen.

2. Mit Champagner auffüllen und sofort servieren.

Mint Julep

FÜR 1 PERSON
Vorbereitung: 10 Minuten
Keine Garzeit

1 frischer Minzezweig, plus einen mehr zum Dekorieren
1 EL Zuckersirup
gestoßene Eiswürfel
6 cl Bourbon Whisky

1. Die Blätter vom Minzezweig abzupfen und in ein kleines, gekühltes Glas geben.

2. Zerstoßen und den Zuckersirup dazugeben.

3. Das gestoßene Eis zufügen und alles gut vermischen. Den Bourbon dazugießen und mit dem extra Minzezweig dekorieren. Sofort servieren.

Bloody Mary

FÜR 1 PERSON
Vorbereitung: 10 Minuten
Keine Garzeit

4–6 gestoßene Eiswürfel
1 Spritzer Tabasco
1 Spritzer Worcestersauce
4 cl Wodka
12 cl Tomatensaft
Saft von ½ Zitrone
1 Prise Selleriesalz
1 Prise Cayennepfeffer
Stangensellerie und Zitronenscheibe, als Garnierung

1. Das Eis in einen Shaker füllen. Je 1 Spritzer Tabasco und Worcestersauce über das Eis geben.

2. Wodka, Tomatensaft und Zitronensaft hinzugeben und schütteln. In ein hohes, gekühltes Glas abseihen, Selleriesalz und Cayennepfeffer hinzufügen und mit Stangensellerie und Zitronenscheibe garnieren.

Festliches Sonntagsessen

Der Sonntag ist der ideale Tag, um Freunde oder Familie zu einem ausgedehnten, geruhsamen Essen einzuladen. In diesem Kapitel geht es um leckere, aromatische Gerichte, die es in sich haben, ohne übermäßig kompliziert oder anspruchsvoll zu sein. Ob für einen besonderen Anlass, eine Feier oder einfach als Vorwand für ein kleines Gelage – diese Gerichte bieten die ideale Gelegenheit, Gäste um den Tisch zu versammeln und sie mit köstlichen Gerichten in Versuchung zu führen.

Am Sonntagmorgen haben Sie in der Küche oft ein wenig mehr Freiraum, Neues auszuprobieren. Alles, was man lange und langsam im Backofen braten muss, eignet sich ganz besonders für ein Sonntagsessen, da Sie in aller Ruhe die Mahlzeit zubereiten und dabei noch zwischendurch etwas anderes machen können. Auch andere Gerichte wie Paella und Eintöpfe, die beim Kochen etwas mehr Aufmerksamkeit erfordern, eignen sich ideal als Sonntagsessen. So können Sie das Beste aus den Zutaten holen, die Sie am liebsten zubereiten.

Servieren Sie vorweg als Appetitanreger einige leckere Häppchen zusammen mit verschiedenen gekühlten Getränken oder Aperitifs. Sobald Ihre Gäste entspannt sind und das Essen beginnen kann, gehen Sie über zu einer einfachen, aber stilvollen Vorspeise wie Parmaschinken mit frischen Feigen, Blinis mit Räucherlachs, einer leckeren Pastete oder einem herrlichen gebackenen Camembert. Lassen Sie dabei aber ausreichend Platz für den Hauptgang!

Dann ist es an der Zeit, Ihr Können unter Beweis zu stellen und Ihre Gäste mit einem delikaten Hauptgang zu beeindrucken. Wir haben eine köstliche Sammlung aromatischer herzhafter Gerichte wie Braten, Grillgerichte, Tartes und Eintöpfe zusammengestellt. Wer es gern fleischlastig mag, für den ist sicher ein Klassiker wie Hochrippe vom Rind mit Röstkartoffeln & Yorkshire Pudding oder Schweinekoteletts mit Apfelsauce oder die raffinierte Variante Stubenküken mit würziger Sauerkirschfüllung sehr interessant. Für Fischliebhaber haben wir eine perfekte Paella mit Hähnchen, Chorizo & Meeresfrüchten im Angebot sowie eine modernere Bretonische Fischsuppe, und wer lieber Gemüse mag, für den ist die appetitliche Spargel-Tarte genau das Richtige.

Gebackenes, geschmortes, gegrilltes, glasiertes oder geröstetes Gemüse eignet sich gleichermaßen als Beilage zu traditionellen wie auch zu moderneren Gerichten. Sie können natürlich auch eine raffiniertere Beilage wie Geröstetes Wurzelgemüse wählen.

Für die Süßschnäbel unter den Gästen sollten Sie Ihre Dessertkünste spielen lassen und die Mahlzeit mit etwas Gourmet-Flair beenden. Das können zeitlose Klassiker wie Apfel- oder Pekannuss-Pie sein, oder auch Brownies mit Schokoladensauce, wenn Sie Schokoladendesserts bevorzugen. Gut dazu passt ein Löffel Schlagsahne oder Crème fraîche, ein bis zwei Kugeln Eiscreme oder heiße, sahnige Vanillecreme.

Schweinekoteletts mit Apfelsauce

Diese unkomplizierten, klassischen saftigen Schweinekottelets werden mit einer mild gewürzten hausgemachten Apfelsauce serviert und sind genau das, was oft als Seelenfutter bezeichnet wird. Servieren Sie dazu Röstkartoffeln und frisches Gemüse der Saison – fertig ist das perfekte Sonntagsessen.

FÜR 4 PERSONEN
Vorbereitung: 20–25 Minuten
Garzeit: 25–30 Minuten, plus Ruhen

4 Schweinekoteletts mit Knochen (je 3 cm dick), auf Zimmertemperatur gebracht

1½ EL Sonnenblumen- oder Rapsöl

Salz und Pfeffer

Apfelsauce

450 g Kochäpfel, z.B. Cox Orange, geschält, Kerngehäuse entfernt und gewürfelt

4 EL feiner Zucker, plus etwas mehr nach Bedarf

fein abgeriebene Schale von ½ Zitrone

½ EL Zitronensaft, plus etwas mehr nach Bedarf

4 EL Wasser

¼ TL Zimt

1 Stich Butter

1. Für die Apfelsauce Äpfel, Zucker, Zitronenschale, Zitronensaft und Wasser auf starker Hitze in einem schweren Topf zum Kochen bringen, dabei umrühren, um den Zucker zu lösen. Auf schwache Hitze reduzieren, den Deckel aufsetzen und 15–20 Minuten köcheln lassen, bis die Äpfel weich sind und sich am Topfrand leicht zerdrücken lassen. Zimt und Butter unterrühren und die Äpfel mit dem Schneebesen bis zur gewünschten Konsistenz zerkleinern. Nach Geschmack mehr Zucker oder Zitronensaft unterrühren. Den Topf vom Herd nehmen, den Deckel aufsetzen und warm stellen.

2. Inzwischen den Backofen auf 200 °C vorheizen. Die Koteletts trocken tupfen und nach Geschmack salzen und pfeffern. Das Öl auf mittlerer bis hoher Hitze in einer großen, ofenfesten Pfanne erhitzen. Die Koteletts hineingeben und von jeder Seite 3 Minuten braten, bis sie gebräunt sind.

3. Die Pfanne in den vorgeheizten Ofen stellen und die Koteletts 7–9 Minuten weiterbraten, bis sie gar sind und beim Anschneiden klarer Saft austritt. Die Pfanne aus dem Ofen nehmen, mit Alufolie abdecken und 3 Minuten ruhen lassen.

4. Die Koteletts auf vorgewärmte Teller legen und den Bratensaft darüberlöffeln. Sofort mit der Apfelsauce servieren.

Stubenküken mit würziger Sauerkirschfüllung

Wenn Sie eine richtig köstliche Variante eines Klassikers suchen, probieren Sie einmal diese raffinierten gefüllten Stubenküken. Sie werden auf einer großen Servierplatte dekorativ angerichtet, und jeder Gast bekommt ein ganzes Küken mit einer fantastischen würzigen Frucht-Nuss-Mischung.

FÜR 4 PERSONEN
Vorbereitung: 35–40 Minuten
Garzeit: 35–45 Minuten

3 Knoblauchzehen, fein gehackt

1 frischer roter Chili, entkernt und fein gehackt

3 Zwiebeln, in dünne Ringe geschnitten

2 EL Koriandersamen

2 TL Zimt

2 TL gemahlener Piment

Saft und abgeriebene Schale von 2 Zitronen

4 Lorbeerblätter

100 g getrocknete Sauerkirschen

100 g getrocknete Cranberrys

100 g Pistazien

2 EL natives Olivenöl extra, plus etwas mehr zum Braten und Beträufeln

4 Stubenküken

Salz und Pfeffer

Ofenkartoffeln oder Rucolasalat, zum Servieren

1. Den Backofen auf 180 °C vorheizen. Knoblauch, Chili und Zwiebeln in einer Schüssel mischen. Die Koriandersamen im Mörser zerstoßen und mit Zimt und Piment unter die Zwiebelmischung rühren. Zitronensaft und -schale, Lorbeerblätter, Sauerkirschen, Cranberrys und Pistazien zufügen und alles gut vermengen. Öl, Salz und Pfeffer zugeben und alles gut verrühren.

2. Die Füllung in die Bauchräume der Küken geben. Etwas Öl in einem ofenfesten Topf erhitzen. Die Haut der Stubenküken mit Salz und Pfeffer einreiben.

3. Die Küken in den Topf geben und rundum anbräunen. Dann den Topf in den vorgeheizten Ofen stellen.

4. Das Geflügel 30–35 Minuten im Ofen backen, bis das Fleisch gar ist; dabei immer wieder mit dem austretenden Saft übergießen. Um den Gargrad zu testen, die Küken mit einem Messer neben dem Schenkelknochen einstechen. Bleibt der austretende Saft klar, sind die Stubenküken durchgegart.

5. Zum Servieren die Füllung aus dem Geflügel herausnehmen und die Stubenküken damit bedecken. Mit etwas Olivenöl beträufeln, damit alles appetitlich glänzt. Die Küken auf einer großen Servierplatte anrichten und mit Ofenkartoffeln oder frischem Rucolasalat servieren.

Hochrippe vom Rind mit Röstkartoffeln & Yorkshire Pudding

Hochrippe vom Rind, im Ganzen serviert, ist ein wahrlich traditionsreicher Sonntagsbraten, mit dem sich zum Beispiel ein besonderer Anlass in der Familie oder mit Freunden feiern lässt.

FÜR 8 PERSONEN
Vorbereitung: 40 Minuten
Garzeit: 2 Stunden 10 Minuten, plus Ruhen

3 kg gut abgehangene Hochrippe mit Knochen

Olivenöl, zum Einreiben

½ EL Mehl

200 ml Rinderbrühe

200 ml Rotwein

Salz und Pfeffer

Yorkshire Pudding

250 g Mehl, gesiebt

6 Eier

½ TL Salz

600 ml Milch

2 EL Pflanzenöl oder Schmalz

Röstkartoffeln

2 kg festkochende Kartoffeln, in Stücke geschnitten

6 EL Sonnenblumenöl, Gänse- oder Entenschmalz

Salz und Pfeffer

Zum Servieren

geröstete Karotten

gedämpfter Brokkoli

Meerrettichsauce (nach Belieben)

Senf (nach Belieben)

1. Für den Yorkshire Pudding Mehl, Eier und Salz in einer Schüssel mischen, dann die Milch nach und nach dazugießen und unter Rühren mit dem Schneebesen einarbeiten. Wenn die Masse glatt ist, beiseitestellen, aber nicht kühlen.

2. Inzwischen den Backofen auf 220 °C vorheizen.

3. Das Fleisch großzügig mit Olivenöl, Salz und Pfeffer einreiben und in einen Bräter legen. In den vorgeheizten Ofen schieben und 30 Minuten braten.

4. Währenddessen für die Röstkartoffeln einen großen Topf mit leicht gesalzenem Wasser zum Kochen bringen, die Kartoffeln hineingeben, erneut aufkochen und 10 Minuten kochen. Abtropfen lassen, im Öl wenden und mit Salz und Pfeffer würzen. In einer Schicht in einem Bräter verteilen.

5. Die Temperatur auf 160 °C reduzieren. Die Kartoffeln in den Ofen schieben und 1 Stunde zusammen mit dem Braten rösten.

6. Das Fleisch aus dem Ofen nehmen und die Temperatur auf 220 °C erhöhen. Den Braten mit Alufolie abdecken und mindestens 30 Minuten ruhen lassen.

7. Die Kartoffeln im Ofen lassen. Für den Yorkshire Pudding eine 40 cm x 25 cm große Auflaufform unten in den Ofen stellen und kurz erhitzen.

8. Die Auflaufform aus dem Ofen nehmen und das Pflanzenöl darin verteilen. Erneut 5 Minuten in den Ofen stellen, dann herausnehmen, die Puddingmasse einfüllen und glatt streichen. Im Ofen 20 Minuten backen.

9. Inzwischen die Bratensauce zubereiten. Dazu das Fleisch aus dem Bräter nehmen, das Mehl in den Bratensaft rühren, Brühe und Wein zufügen und auf dem Herd bei mittlerer Hitze etwa auf die Hälfte einköcheln lassen.

10. Den Yorkshire Pudding aus dem Ofen nehmen und in acht Teile schneiden. Dann die Kartoffeln aus dem Ofen nehmen. Den Braten entbeinen und aufschneiden.

11. Den Rinderbraten mit Kartoffeln, Yorkshire Pudding, Bratensauce, Karotten, Brokkoli sowie nach Belieben mit Meerrettichsauce und Senf servieren.

Lammfilet mit Kartoffeln & Pilzen

Diese herrlichen marinierten Lammfilets werden erst in der Pfanne gebraten, dann im Ofen fertig gebacken und mit einer köstlichen Kartoffel-Pilz-Kombination serviert. Ein höchst verlockendes Sonntagsessen!

FÜR 4 PERSONEN
Vorbereitung: 45 Minuten, plus Marinieren
Garzeit: 35–40 Minuten,

1 kg festkochende Kartoffeln, abgebürstet oder geschält

3 EL Olivenöl

250 g gemischte Wiesen- und Waldpilze

2 Knoblauchzehen, fein gehackt

1 EL frisch gehackter Thymian

Saft von 1 Zitrone

1 Handvoll glatte Petersilie, grob gehackt

Salz und Pfeffer

frischer Pesto, zum Servieren

Lamm

800 g Lammfilet

4 Knoblauchzehen, grob zerdrückt

2 EL frisch gehackter Rosmarin

Saft und abgeriebene Schale von 1 Zitrone

3 EL Olivenöl

1. Mit einem scharfen Messer das Lammfilet mehrmals leicht einschneiden. Knoblauch, Rosmarin und Pfeffer in einer kleinen Schüssel verrühren und in die Schnitte reiben. Das Fleisch in eine flache Auflaufform legen und Zitronensaft und -schale sowie Olivenöl zugeben. Das Filet in der Marinade wenden, die Form abdecken und das Fleisch 2 Stunden bei Zimmertemperatur marinieren; dabei mehrmals wenden.

2. Den Backofen auf 200 °C vorheizen.

3. Die Kartoffeln in 5 mm dicke Scheiben schneiden. Mit 2 Esslöffeln Olivenöl beträufeln und mit Salz und Pfeffer bestreuen. In einer Lage auf einem Backblech verteilen und 15 Minuten im vorgeheizten Ofen garen.

4. In der Zwischenzeit die Pilze putzen und mit einem feuchten Tuch oder einem Pinsel säubern. Nicht waschen. Dann in gleichmäßige Streifen schneiden. Das restliche Olivenöl in einem großen Topf erhitzen. Knoblauch und Thymian zugeben und unter Rühren goldbraun braten.

5. Die Pilze zufügen und unter Rühren 3–4 Minuten garen, bis die gesamte Flüssigkeit verdampft ist. Falls Sie nur kleinere Töpfe besitzen, die Pilze lieber portionsweise braten, damit sie nicht im eigenen Saft garen. Die Pilze mit Salz und Pfeffer abschmecken, mit dem Zitronensaft beträufeln und 1 weitere Minute anbraten.

6. Sobald die Kartoffeln fast gar sind und am Rand knusprig zu werden beginnen, die Pilze auf das Backblech geben und unter die Kartoffeln heben.

7. Eine Grillpfanne erhitzen. Das Lammfleisch aus der Marinade heben, trocken tupfen und mit Salz und Pfeffer würzen.

8. Das Filet nun in die Grillpfanne geben und von jeder Seite 2 Minuten scharf anbraten. Aus der Pfanne heben und auf das Gemüse im Backblech legen. Das Blech zurück in den Ofen schieben und das Fleisch etwa 6–8 Minuten bis zum gewünschten Gargrad braten, dabei einmal wenden.

9. Aus dem Ofen nehmen und alles mit der gehackten Petersilie bestreuen. Das Fleisch einige Minuten ruhen lassen.

10. Dann das Fleisch diagonal in dicke Scheiben schneiden. Kartoffeln und Pilze auf Tellern arrangieren und die Filetscheiben darauf verteilen. Mit Pesto beträufeln und sofort servieren.

Spargel-Tarte

Im Spätfrühling oder Frühsommer schmeckt frischer Spargel am besten. Diese köstliche Tarte sollten Sie an einem warmen Tag mit einem kühlen Glas Weißwein auf der Terrasse oder im Garten genießen.

FÜR 4 PERSONEN
Vorbereitung: 30–35 Minuten, plus Kühlen
Garzeit: ca. 1 Stunde

375 g ungesüßter Mürbeteig (Fertigprodukt), gekühlt

Butter, zum Einfetten

Mehl, zum Bestäuben

1 Bund dünne grüne Spargelstangen

250 g Spinat, gewaschen

3 Eier (Größe L), verquirlt

150 g Schlagsahne

1 Knoblauchzehe, zerdrückt

10 kleine Cocktailtomaten, halbiert

1 Handvoll frische Basilikumblätter, gehackt

25 g Parmesan, frisch gerieben

Salz und Pfeffer

1. Den Backofen auf 190 °C vorheizen. Den Teig mindestens 15 Minuten vor dem Backen aus dem Kühlschrank nehmen, sonst kann er brüchig werden.

2. Eine Tarteform (26 cm Ø) mit Butter einfetten. Den Teig auf einer bemehlten Arbeitsfläche ausrollen und die Form damit auskleiden. Überstehenden Teig abschneiden. Den Teigboden mehrmals mit einer Gabel einstechen, mit Backpapier bedecken und mit Backbohnen beschweren. Im vorgeheizten Ofen 20–30 Minuten blindbacken.

3. Aus dem Ofen nehmen. Papier und Bohnen entfernen und den Teig etwas abkühlen lassen. Die Ofentemperatur auf 180 °C reduzieren.

4. Währenddessen den Spargel putzen und die holzigen Enden entfernen.

5. Wasser in einem großen Topf zum Kochen bringen und den Spargel darin 1 Minute blanchieren. Herausnehmen und abtropfen lassen. Dann den Spinat kurz in das kochende Wasser geben und sehr gut abtropfen lassen.

6. Eier, Sahne und Knoblauch verrühren und mit Salz und Pfeffer würzen.

7. Den Teigboden sorgfältig mit dem Spinat bedecken. Spargelstangen und Tomaten, Schnittseite nach oben, darauf verteilen. Mit dem Basilikum bestreuen.

8. Mit der Eiersahne begießen und im Ofen etwa 35 Minuten backen, bis die Eiermasse gestockt ist. Mit dem Parmesan bestreuen und vor dem Servieren auf Zimmertemperatur abkühlen lassen oder sofort servieren.

Paella mit Hähnchen, Chorizo & Meeresfrüchten

Nehmen Sie sich Zeit für eine perfekte Paella und beeindrucken Sie Ihre Gäste mit dem beliebten Reisgericht aus Hähnchen, Chorizo, Gemüse, Reis und Meeresfrüchten. Beilagen braucht dieses Gesamtkunstwerk nicht, das sich besonders für eine große Gästeschar eignet.

FÜR 6–8 PERSONEN
Vorbereitung: 35–40 Minuten, plus Einweichen
Garzeit: 50–55 Minuten

6 EL Olivenöl
6–8 Hähnchenkeulen, entbeint
150 g Chorizo, gewürfelt
2 große Zwiebeln, gehackt
4 große Knoblauchzehen, zerdrückt
1 TL Paprikapulver
350 g Paella-Reis, abgespült und abgetropft
100 g grüne Bohnen, in Stücke geschnitten
125 g Erbsen, Tiefkühlware aufgetaut
1,3 l Fischfond
½ TL Safranfäden, in 2 EL heißem Wasser eingeweicht
16 frische Miesmuscheln, abgebürstet, Bärte entfernt und 10 Minuten in Salzwasser eingelegt
16 rohe Garnelen, ausgelöst und Darmfäden entfernt
2 rote Paprika, halbiert, gegrillt, gehäutet und in Scheiben geschnitten
Salz und Pfeffer
frisch gehackte Petersilie, zum Garnieren

1. 3 Esslöffel Öl in einer Paella-Pfanne (30 cm Ø) oder einer großen Kasserolle erhitzen. Das Hähnchenfleisch bei mittlerer bis hoher Temperatur 5 Minuten knusprig und goldbraun braten, zwischendurch häufig wenden.

2. Mit einem Schaumlöffel herausnehmen und in eine Schüssel legen.

3. Die Chorizowürfel in die Pfanne geben und unter ständigem Rühren 1 Minute anbraten, bis sie knusprig werden. Zum Hähnchen geben.

4. Das restliche Öl in der Pfanne erhitzen. Die Zwiebeln darin 2 Minuten unter ständigem Rühren andünsten. Knoblauch und Paprikapulver zufügen und 3 Minuten mitgaren, bis die Zwiebeln weich, aber nicht gebräunt sind.

5. Reis, Bohnen und Erbsen zufügen und rühren, bis alles mit dem Öl überzogen ist. Fleisch und Chorizo mit dem ausgetretenen Saft wieder in die Pfanne geben. Fischfond, Safran mit Einweichflüssigkeit sowie Salz und Pfeffer nach Geschmack zugeben und unter gelegentlichem Rühren zum Kochen bringen. Auf niedrige Temperatur umschalten und ohne Deckel 15 Minuten köcheln lassen.

6. Muscheln mit beschädigten Schalen und solche, die sich beim Gegenklopfen nicht schließen, aussortieren. Einwandfreie Muscheln, Garnelen und Paprika auf der Paella anrichten, abdecken und 5 Minuten köcheln lassen, bis die Garnelen rosa sind und die Muscheln sich geöffnet haben. Geschlossene Muscheln entfernen. Prüfen, ob das Hähnchenfleisch durchgegart ist (beim Einstechen an der dicksten Stelle sollte klarer Fleischsaft austreten).

7. Mit Petersilie garnieren und sofort servieren.

Bretonische Fischsuppe

Diese fantastische Fischsuppe ist eine moderne Variation eines Klassikers: Die cremige Sauerampfersauce wird hier mit Cidre verfeinert. Am besten nehmen Sie nachhaltig gefangenen frischen Fisch wie Seeteufel oder Kabeljau.

FÜR 4 PERSONEN
Vorbereitung: 30 Minuten
Garzeit: 40–45 Minuten

2 EL Butter

1 große Porreestange, in dünne Ringe geschnitten

2 Schalotten, fein gehackt

125 ml trockener Cidre

300 ml Fischfond

250 g Kartoffeln, gewürfelt

1 Lorbeerblatt

4 EL Mehl

200 ml Milch

200 g Schlagsahne

50 g Sauerampferblätter

350 g weißfleischiges Fischfilet ohne Haut, z.B. Seeteufel oder Kabeljau, in 2,5 cm großen Stücken

Salz und Pfeffer

1. Die Butter in einem großen Topf bei mittlerer Hitze zerlassen. Porree und Schalotten darin 5 Minuten unter Rühren weich dünsten. Den Cidre zugießen und zum Kochen bringen.

2. Fond, Kartoffeln und Lorbeerblatt zugeben. Nach Belieben salzen und pfeffern. Aufkochen, die Hitze reduzieren, die Suppe abdecken und 10 Minuten leicht kochen.

3. Inzwischen das Mehl in einer Schüssel mit etwas Milch zu einer dicken Paste verrühren. Weitere Milch unter Rühren zufügen, bis eine glatte Masse entsteht.

4. Das angerührte Mehl in die Suppe geben und unter Rühren 5 Minuten köcheln. Die restliche Milch und die Hälfte der Schlagsahne unterrühren. Weitere 10 Minuten köcheln, bis die Kartoffeln gar sind.

5. Den Sauerampfer fein hacken und mit der restlichen Schlagsahne vermengen. Die Sauerampfermischung in die Suppe rühren und den Fisch zugeben. Unter gelegentlichem Rühren 3 Minuten köcheln. Die fertige Suppe abschmecken und in vorgewärmte Suppenschalen füllen.

Geröstetes Wurzelgemüse

FÜR 4–6 PERSONEN
Vorbereitung: 25 Minuten, plus optional Marinieren
Garzeit: 50–60 Minuten

3 Pastinaken, in 5 cm großen Stücken
4 weiße Babyrüben, geviertelt
3 Karotten, in 5 cm großen Stücken
450 g Butternusskürbisfleisch, in 5 cm großen Stücken
450 g Süßkartoffeln, in 5 cm großen Stücken
2 Knoblauchzehen, fein gehackt
2 EL frisch gehackter Rosmarin
2 EL frisch gehackter Thymian
2 TL frisch gehackter Salbei
3 EL Olivenöl
Salz und Pfeffer
2 EL frisch gehackte gemischte Kräuter, zum Garnieren

1. Den Backofen auf 220 °C vorheizen.

2. Alle Gemüsestücke nebeneinander auf ein Backblech legen. Mit Knoblauch, Rosmarin, Thymian und Salbei bestreuen. Das Öl darüberträufeln und alles kräftig mit Salz und Pfeffer bestreuen.

3. Alle Zutaten verrühren, bis sie mit dem Öl überzogen sind. Die Zutaten können ein wenig ruhen, damit das Gemüse die Aromen der Kräuter annimmt.

4. Das Gemüse auf der obersten Schiene im vorgeheizten Ofen 50–60 Minuten backen, bis es weich und schön gebräunt ist. Nach der Hälfte der Garzeit einmal wenden. Mit den Kräutern garnieren und sofort heiß servieren.

Gedämpftes Gemüse mit Zitrone & Koriander

FÜR 4 PERSONEN
Vorbereitung: 15 Minuten
Garzeit: 6 Minuten

1 Spitzkohl (etwa 450 g), harte äußere Blätter entfernt

200 g Babyspinat, gewaschen und abgetropft

1 EL Butter

fein abgeriebene Schale von ½ Zitrone

4 EL frisch gehackter Koriander

Salz und Pfeffer

1. Den Spitzkohl der Länge nach vierteln und den harten Strunkansatz entfernen. Die Viertel quer in 2 cm breite Streifen schneiden. 3 Minuten dämpfen, bis der Kohl weich wird.

2. Den Spinat auf den Spitzkohl geben und weitere 3 Minuten dämpfen. In einem Sieb abtropfen lassen.

3. Spitzkohl und Spinat in eine vorgewärmte Servierschüssel füllen. Butter, abgeriebene Zitronenschale und Koriander untermengen.

4. Mit Salz und Pfeffer würzen und sofort servieren.

Birnen-Karamell-Crumble

FÜR 4 PERSONEN
Vorbereitung: 25–30 Minuten
Garzeit: 45–55 Minuten

1 EL Butter, plus etwas zum Einfetten
4 große Birnen
Vanilleeiscreme, zum Servieren

Streusel

120 g Mehl
1¼ TL Backpulver
100 g Butter, gewürfelt
5 EL Demerara-Zucker
2 EL fein gehackte Haselnusskerne

Karamell

3 EL heller Zuckerrübensirup
3 EL Demerara-Zucker
1 EL Butter
2 EL Schlagsahne
2–3 Tropfen Vanillearoma

1. Den Backofen auf 200 °C vorheizen. Eine Auflaufform mit Butter einfetten.

2. Für die Streusel Mehl und Backpulver in eine Rührschüssel geben. Die Butter zufügen und mit den Fingerspitzen hineinreiben, bis die Mischung krümelig wird. Dann 4 Teelöffel Zucker und Haselnüsse unterrühren. In die Auflaufform füllen und 5–10 Minuten backen, bis die Streusel heiß sind.

3. Für den Karamell den Zuckerrübensirup in einem Topf bei geringer Hitze erwärmen. Zucker, Butter, Sahne und Vanillearoma zufügen und alles sanft zum Kochen bringen. 3 Minuten unter Rühren köcheln lassen, dann vom Herd nehmen und beiseitestellen.

4. Die Birnen schälen und grob zerteilen. Die Butter in einer Pfanne bei geringer Hitze zerlassen, die Birnen in die Pfanne geben und 3 Minuten garen, dabei vorsichtig umrühren. Die Karamellmasse zugeben und alles bei geringer Hitze unter Rühren 3 Minuten köcheln lassen.

5. Die Birnen-Karamell-Mischung in eine runde Auflaufform geben. Die Streusel gleichmäßig darauf verteilen, dann den restlichen Zucker darüberstreuen. 25–30 Minuten im vorgeheizten Ofen backen, bis die Streusel goldbraun geworden sind.

6. Noch heiß mit Vanilleeiscreme servieren.

Apfel-Pie

FÜR 6 PERSONEN

Vorbereitung: 45 Minuten, plus Kühlen

Garzeit: 50 Minuten

Teig

350 g Mehl, plus etwas mehr zum Bestäuben

1 Prise Salz

80 g Butter oder Margarine, gewürfelt

80 g Schmalz oder Pflanzenfett, gewürfelt

6 EL kaltes Wasser

verquirltes Ei oder Milch, zum Bestreichen

Füllung

750 g–1 kg Kochäpfel, geschält, entkernt und in Scheiben geschnitten

125 g feiner Zucker, plus etwas mehr zum Bestreuen

½ –1 TL Zimt, Apfelstrudelgewürz oder gemahlener Ingwer

1. Für den Teig Mehl und Salz in eine Schüssel sieben. Butter und Schmalz hineinreiben, bis eine feinkrümelige Masse entstanden ist. Das Wasser zufügen und rasch alles zu einem Teig verkneten. In Frischhaltefolie einschlagen und 30 Minuten im Kühlschrank ruhen lassen.

2. Den Backofen auf 220 °C vorheizen. Knapp zwei Drittel des Teiges auf einer leicht bemehlten Arbeitsfläche zu einem 30 cm großen Kreis ausrollen und eine tiefe Pie- oder eine Quicheform (24 cm Ø) damit auslegen.

3. Für die Füllung Apfelscheiben, Zucker und Gewürz in einer Schüssel vermengen. Die Äpfel in den Teigboden füllen. (Die Apfelfüllung darf über den Teigrand ragen.) Wenn die Äpfel nicht sehr saftig sind, die Füllung mit etwas Wasser beträufeln.

4. Den restlichen Teig auf einer leicht bemehlten Arbeitsfläche zu einem passenden kreisrunden Deckel ausrollen. Den Rand des Teigbodens mit Wasser befeuchten und den Teigdeckel darauflegen. Gut andrücken und mit den Fingern ein dekoratives Muster eindrücken. Aus den Teigresten Blätter oder andere dekorative Formen ausschneiden, mit Wasser befeuchten und auf dem Teigdeckel anbringen. Den Teigdeckel mit dem Ei bestreichen und ein bis zwei Schlitze hineinstechen. Die Form auf ein Backblech setzen.

5. Im vorgeheizten Ofen 20 Minuten backen. Dann die Temperatur auf 180 °C reduzieren und weitere 30 Minuten backen, bis der Pie goldbraun ist. Mit etwas Zucker bestreuen und nach Belieben warm oder kalt servieren.

Pekannuss-Pie

FÜR 8 PERSONEN

Vorbereitung: 30–35 Minuten, plus Kühlen

Garzeit: ca. 1 Stunde

Teig

175 g Mehl, plus etwas mehr zum Bestäuben

80 g Butter, gewürfelt

1 EL feiner Zucker

1 Ei, mit 1 EL kaltem Wasser verquirlt

Füllung

80 g Butter

80 g Rohrzucker

150 ml Ahornsirup

5 EL heller Zuckerrübensirup

3 Eier (Größe L), verquirlt

5 Tropfen Vanillearoma

200 g Pekannusskerne

1. Für den Teig das Mehl in eine große Schüssel sieben. Die Butter mit den Fingern hineinreiben, bis eine feinkrümelige Masse entstanden ist. Den Zucker untermischen und so viel Eimasse einarbeiten, bis ein fester Teig entsteht.

2. Den Teig auf einer leicht bemehlten Arbeitsfläche kurz durchkneten. Zu einem 30 cm großen Kreis ausrollen und eine Tarteform mit Heboboden (24 cm Ø) damit auslegen. Den Teigboden mehrmals mit einer Gabel einstechen und 30 Minuten im Kühlschrank ruhen lassen. Inzwischen den Backofen auf 200 °C vorheizen.

3. Die Form auf ein Backblech setzen. Den Teigboden mit Backpapier auslegen und mit Backbohnen beschweren. Im vorgeheizten Ofen 10 Minuten blindbacken. Backpapier samt Backbohnen entfernen und den Teigboden weitere 5 Minuten backen, bis er goldgelb ist. Die Ofentemperatur auf 180 °C reduzieren.

4. Für die Füllung Butter, Zucker und beide Sirupsorten in einem Topf bei kleiner Hitze schmelzen. Vom Herd nehmen und 5 Minuten abkühlen lassen. Eier und Vanillearoma unterrühren. Die Hälfte der Pekannüsse grob hacken und unter die Sirupmasse rühren.

5. Die Masse auf dem Teigboden verteilen und mit den restlichen Nüssen bedecken. Im vorgeheizten Ofen etwa 35–45 Minuten backen, bis die Füllung fest ist. Warm oder kalt servieren.

Brownies mit Schokoladensauce

FÜR 6 PERSONEN

Vorbereitung: 25–30 Minuten, plus Kühlen

Garzeit: 45–55 Minuten

175 g Zartbitterschokolade, in Stücken
175 g Butter, plus etwas zum Einfetten
175 g Rohrzucker
3 Eier, verquirlt
120 g Mehl
1 TL Backpulver

Schokoladensauce

50 g Zartbitterschokolade, in Stücken
50 g Rohrzucker
50 g Butter
3 EL Milch

Zum Servieren

6 große Kugeln Vanilleeiscreme
1 EL gehackte Pekannusskerne
6 frische oder Maraschinokirschen

1. Den Backofen auf 180 °C vorheizen. Eine quadratische Backform (20 cm x 20 cm) einfetten und mit Backpapier auslegen.

2. Schokolade und Butter in einer großen, hitzebeständigen Schüssel über einem Wasserbad schmelzen. Etwa 5 Minuten abkühlen lassen, dann Zucker und Eier mit einem Schneebesen unterrühren. Mehl und Backpulver darübersieben und unterziehen.

3. Den Teig in die vorbereitete Form füllen und im vorgeheizten Ofen 35–40 Minuten backen, bis er gut aufgegangen ist. Den Brownieboden 15 Minuten abkühlen lassen, dann aus der Form lösen und auf einem Kuchengitter vollständig erkalten lassen.

4. Für die Sauce alle Zutaten in einem Topf sanft erhitzen, bis sie geschmolzen sind. Die Sauce zum Kochen bringen und 1 Minute köcheln. Vom Herd nehmen und abkühlen lassen.

5. Zum Servieren den Brownieboden in sechs Stücke schneiden und die Brownies auf Dessertteller geben. Eine große Eiskugel daraufsetzen. Mit warmer Schokoladensauce beträufeln und mit Nüssen und Kirschen dekorieren.

Ofenfrische Brote & Brötchen

Am Wochenende können Sie Ihre Backkünste zur Schau stellen und neue Brotrezepte ausprobieren – von einfachen Landbroten bis hin zu raffinierteren Spezialteigen. Die Kunst des Brotbackens ist jahrhundertealt und nach wie vor ein beliebtes Wochenendvergnügen. Sie werden staunen, welche Vielfalt an Brotsorten Sie mit wenigen einfachen Zutaten zu Hause backen können.

In diesem Kapitel finden Sie eine kleine, aber feine Auswahl an herrlichen Broten und Brötchen, die Ihr Repertoire erweitern, Ihre Backkünste vervollkommnen und Sie dazu bringen werden, selbst köstliche neue Brote zu erfinden, die Sie mit Freunden und der Familie zusammen genießen können.

Wenn Sie diese Rezepte erst einmal beherrschen, werden Sie Ihre Backkünste sicherlich weiterentwickeln und noch mehr Techniken ausprobieren wollen.

Brotbacken macht nicht nur Spaß und entspannt, sondern ist auch eine sehr befriedigende Tätigkeit (und dazu mit köstlichen Ergebnissen!) – wie könnte man einen Teil des Wochenendes besser verbringen, als leckeres Brot für die Familie und Freunde zu backen? Wer kann schon den verführerischen, üppigen Aromen eines frisch gebackenen Brotlaibes widerstehen, dessen Duft die Küche erfüllt, ganz zu schweigen vom fabelhaften Geschmack und der knusprigen Konsistenz?

Wenn Sie viel Zeit haben, macht es am meisten Spaß, den Brotteig von Hand zu kneten. Beim Teigkneten kann man wunderbar abschalten; es kann geradezu eine therapeutische Wirkung entfalten, die Zutaten zu einem glatten, elastischen Teig zu verarbeiten. Brotmaschinen sind eine Alternative für alle, die weniger Zeit zur Verfügung haben, aber da es ja Wochenende ist und Sie hoffentlich weniger eingespannt sind als sonst, konzentrieren wir uns in diesem Kapitel auf handgemachtes Brot.

Es gibt unendlich viele Rezeptideen – gesäuerte und ungesäuerte Fladenbrote (Naan, Focaccia, Pita, Chapatis, Parathas, Roti, Tortillas, Knäckebrot usw.), hefefreie Brote (Sodabrot, Teegebäck, Muffins, Teekuchen) und glutenfreie Brote sind nur einige der Sorten, die sich zu Hause backen lassen. Stürzen wir uns also auf diese handverlesene Auswahl an köstlichen Broten, die sich ideal zum Backen am Wochenende eignen und mit anderen gemeinsam genossen werden sollten.

Zu den beliebten Körnerbroten gehört zum Beispiel das leckere Fünfkornbrot, oder probieren Sie doch mal das leicht mit Honig gesüßte Kräftige Weizenbrot mit Sonnenblumenkernen. Natürlich darf auch das klassische Frühstücksbrot nicht fehlen, ein traditionelles mehlbestäubtes Weißbrot, das leicht getoastet und mit Butter köstlich schmeckt. Wer die Herausforderung braucht, kann sich an Französische Baguettes wagen – das köstliche Aroma und die knusprige Kruste werden Ihre Geduld und Ihr Geschick belohnen. Am besten schmeckt es mit Käse und Wein.

Alle, die gern mit verschiedenen Mehlen experimentieren, sollten unsere Dinkelbrötchen mit würziger Feigenkonfitüre ausprobieren. Wir verraten Ihnen dabei nicht nur, wie Sie gesunde Brötchen backen, sondern liefern auch gleich ein Rezept für eine köstliche Konfitüre als Aufstrich dazu.

Dinkelbrötchen mit würziger Feigenkonfitüre

Alle, die gern mit unterschiedlichen Mehlen experimentieren, können mit diesen Dinkelbrötchen ihre Backkünste unter Beweis stellen. Bereiten Sie dazu noch die leckere würzige Feigenkonfitüre zu, und das Wochenendfrühstück wird perfekt!

ERGIBT 16 BRÖTCHEN UND 500 G KONFITÜRE
Vorbereitung: 45–50 Minuten, plus Ruhen , Kühlen
Garzeit: 45 Minuten

500 g Dinkelvollkornmehl, plus etwas mehr zum Bestäuben

1 EL dunkler Muskovado-Zucker

1 TL Meersalz

2 TL Trockenbackhefe

2 EL Sesamsaat, plus etwas mehr zum Bestreuen

2 EL Sonnenblumenkerne, plus etwas mehr zum Bestreuen

2 EL Leinsamen, plus etwas zum Bestreuen

2 EL natives Olivenöl extra, plus etwas mehr zum Einfetten

300–350 ml warmes Wasser

1 EL Milch, zum Bestreichen

Butter, zum Servieren

Feigenkonfitüre

225 g Trockenfeigen, in Würfel geschnitten

3 kleine Dessertäpfel, geschält, entkernt und gewürfelt

fein abgeriebene Schale und Saft von 1 Orange

1 EL heller Muskovado-Zucker

¼ TL Lebkuchengewürz

250 ml Wasser

---

1. Mehl, Muskovado-Zucker und Salz in einer Schüssel verrühren. Hefe, Sesamsaat, Sonnenblumenkerne und Leinsamen zugeben und unterrühren. Das Öl hinzufügen, dann so viel warmes Wasser zugeben und mit einem Holzlöffel unterheben, bis ein weicher Teig entsteht. Mit den Händen weiterkneten.

2. Die Arbeitsfläche mit Dinkelmehl bestäuben und den Teig 5 Minuten kneten. Den Teig wieder in die Schüssel geben, mit leicht geölter Frischhaltefolie abdecken und über Nacht im Kühlschrank gehen lassen.

3. Inzwischen für die Konfitüre alle Zutaten in einen Topf geben. Abdecken und bei mittlerer Hitze unter gelegentlichem Rühren 30 Minuten einkochen. Vom Herd nehmen und leicht abkühlen lassen. Ein 500-g-Schraubglas sterilisieren, die Konfitüre hineinfüllen und vollständig auskühlen lassen. Die Konfitüre hält sich etwa 10 Tage im Kühlschrank.

4. Zwei Backbleche mit Backpapier auslegen. Die Arbeitsfläche nochmals mit Dinkelmehl bestäuben. Den Teig kurz durchkneten und in 16 gleich große Stücke teilen. Jedes Teigstück zu einer Kugel formen, je eine Kugel auf die Mitte eines Backblechs legen. Jeweils sieben Kugeln rundherum mit etwas Abstand arrangieren.

5. Beide Backbleche mit etwas geölter Frischhaltefolie abdecken und den Teig an einem warmen Ort noch einmal 40–50 Minuten gehen lassen. Inzwischen den Backofen auf 220 °C vorheizen. Die Folie abnehmen, die Brötchen mit der Milch bestreichen und mit etwas Körnermischung bestreuen. Dann im vorgeheizten Ofen 15 Minuten backen. Die Brötchen sollten gebräunt sein. Mit Butter und Feigenkonfitüre servieren.

Frühstücksbrot

Dieses traditionelle knusprige Brot eignet sich ideal zum Frühstück oder als Vormittagssnack – schmeckt köstlich in dicken Scheiben, nach Belieben getoastet und mit reichlich Butter und Marmelade bestrichen.

ERGIBT 1 LAIB

Vorbereitung: 20 Minuten, plus Ruhen und Kühlen

Garzeit: 40–45 Minuten

650 g Weizenmehl (Type 550), plus etwas mehr zum Bestäuben

2 TL Salz

2 TL Trockenbackhefe

25 g Butter, gekühlt und gewürfelt, plus Butter zum Einfetten

1 TL feiner Zucker

400 ml warmes Wasser

Öl, zum Einfetten

Glasur

1 EL verquirltes Ei

2 TL Milch

1. Ein großes Backblech leicht mit Butter einfetten. Mehl, Salz und Hefe in einer großen Schüssel mischen. Die Butter zufügen und hineinreiben, bis die Masse fein und krümelig ist. Den Zucker einrühren.

2. In die Mitte der Mehlmischung eine Mulde drücken und das warme Wasser hineingießen. Zu einem weichen, klebrigen Teig mischen.

3. Den Teig auf eine bemehlte Arbeitsfläche legen und 10 Minuten weich und elastisch kneten. Zu einem langen, ovalen Laib formen und auf das vorbereitete Backblech legen. Die Oberseite des Brotlaibs sechs- bis siebenmal mit einem scharfen Messer einschneiden. Mit leicht geölter Frischhaltefolie lose abdecken und an einem warmen Ort 45–55 Minuten gehen lassen, bis der Teig sein Volumen verdoppelt hat. Den Backofen auf 230 °C vorheizen.

4. Für die Glasur Ei und Milch mit einer Gabel verrühren und das Brot mit der Glasur bestreichen.

5. Das Brot im vorgeheizten Ofen 10 Minuten backen. Die Ofentemperatur auf 200 °C senken und 30–35 Minuten weiterbacken, bis der Laib goldbraun ist und sich beim Klopfen gegen die Unterseite hohl anhört. Zum Abkühlen auf ein Kuchengitter legen. Vor dem Servieren leicht mit Mehl bestäuben.

3

4

5

Kräftiges Weizenbrot mit Sonnenblumenkernen

Dieses gesunde Weizenbrot ist besonders nussig in Konsistenz und Geschmack. Dank der natürlichen Honigsüße schmeckt es besonders gut mit Frischkäse oder getoastet mit Butter.

ERGIBT 1 LAIB
Vorbereitung: 20 Minuten, plus Ruhen und Kühlen
Garzeit: 30–35 Minuten

500 g Weizenmehl (Type 1050), plus etwas mehr zum Bestäuben

1½ TL Salz

2 TL Trockenbackhefe

2 TL Sonnenblumenkerne

1 EL Sonnenblumenöl, plus etwas mehr zum Einfetten

1 TL klarer Honig

300 ml warmes Wasser

1. Mehl, Salz, Hefe und Sonnenblumenkerne in einer großen Schüssel mischen und eine Mulde in die Mitte drücken.

2. Öl, Honig und warmes Wasser mischen und in die Mulde gießen. Alle Zutaten mit einem Messer zu einem weichen, klebrigen Teig mischen.

3. Den Teig auf eine bemehlte Arbeitsfläche legen und 10 Minuten weich und elastisch kneten. Wenn der Teig zu klebrig ist, etwas mehr Mehl zugeben.

4. In eine Schüssel geben, mit leicht geölter Frischhaltefolie abdecken und 1–1½ Stunden an einem warmen Ort gehen lassen, bis sich das Volumen verdoppelt hat. Den Backofen auf 220 °C vorheizen. Eine Kastenform (900 g Inhalt) leicht einfetten.

5. Den Teig auf eine bemehlte Arbeitsfläche legen und noch einmal 1 Minute leicht durchkneten. Zu einem dicken Rechteck formen und in die Kastenform legen. Mit einem sauberen, feuchten Küchentuch abdecken und 30 Minuten an einen warmen Ort stellen, bis der Teig über die Kanten der Kastenform gestiegen ist.

6. Die Oberseite leicht mit Mehl bestäuben und im vorgeheizten Ofen 30–35 Minuten backen, bis das Brot goldbraun ist und beim Klopfen gegen die Unterseite hohl klingt. Zum Abkühlen auf ein Kuchengitter legen.

Französische Baguettes

Diese klassischen französischen Brote schmecken köstlich mit Käse und passen immer gut zu einer Tasse Kaffee am Morgen. Das glutenreiche Mehl sorgt für die groben, ungleichmäßigen Poren im Teig.

ERGIBT 4
Vorbereitung: 20 Minuten, plus Ruhen und Kühlen
Garzeit: 20–25 Minuten

500 g Weizenmehl (Type 550), plus etwas mehr zum Bestäuben

2 TL Zucker

2 TL Salz

15 g frische Hefe

375 ml lauwarmes Wasser

1. Mehl, Zucker und Salz in einer Schüssel mischen. Eine Mulde in die Mitte drücken und die Hefe hineinkrümeln. Das Wasser in die Mulde gießen und alles zu einem glatten Teig verkneten.

2. Den Teig in vier Stücke teilen und auf ein Backblech legen. Mit Frischhaltefolie abdecken und 30 Minuten gehen lassen.

3. Die Teigstücke auf eine leicht bemehlte Arbeitsfläche legen, die Luft herauskneten und jedes Stück zu einer 5 cm dicken Rolle formen.

4. Die rohen Baguettes auf ein mit Mehl bestäubtes Küchentuch legen, dabei durch Falten im Küchentuch voneinander trennen. Es ist wichtig, dass die Baguettes nicht zu nahe nebeneinanderliegen, damit sie noch Platz zum Aufgehen haben. Mit Frischhaltefolie abdecken und an einem warmen Ort 30 Minuten gehen lassen.

5. Den Backofen auf 240 °C vorheizen und eine Schüssel Wasser unten in den Ofen stellen. Ein Backblech mit Backpapier auslegen. Die Baguettes darauflegen und mit einem scharfen Messer je fünfmal diagonal einschneiden.

6. Die Baguettes mit Mehl bestäuben und im vorgeheizten Ofen 20–25 Minuten backen, bis sie goldbraun sind und beim Klopfen gegen die Unterseite hohl klingen. Zum Abkühlen auf ein Kuchengitter legen.

Fünfkornbrot

Verschiedene Getreidesorten verleihen diesem klassischen Brot ein besonders köstliches Aroma und eine kräftige Konsistenz. Frisch gebacken zum Frühstück, Brunch oder Mittagessen servieren und am besten mit Butter bestreichen – alle Gäste werden sich auf das knusprige Brot stürzen!

ERGIBT 1 LAIB
Vorbereitung: 25 Minuten, plus Ruhen und Kühlen
Garzeit: 25–30 Minuten

300 g Weizenvollkornmehl, plus etwas mehr zum Bestäuben

225 g Weizenmehl (Type 550)

1 TL Salz

100 g Körnermischung, z. B. Sesamsaat, Kürbis- und Sonnenblumenkerne, Leinsaat und Pinienkerne

1 Tütchen Trockenbackhefe

1 EL Rohrzucker

2 EL Sonnenblumenöl, plus etwas mehr zum Einfetten

300 ml lauwarmes Wasser

1. Ein Backblech leicht mit etwas Öl einfetten.

2. Beide Mehlsorten, Salz, Körnermischung, Hefe und Zucker in einer großen Schüssel mischen.

3. Eine Vertiefung hineindrücken. Öl und Wasser verrühren, in die Vertiefung gießen und mit den trockenen Zutaten zu einem weichen, klebrigen Teig verarbeiten.

4. Den Teig auf einer leicht bemehlten Arbeitsfläche etwa 5–7 Minuten kräftig durchkneten, bis er glatt und elastisch ist. Den Teig zu einem runden Laib formen und auf das vorbereitete Backblech setzen.

5. Mit Vollkornmehl bestäuben und abgedeckt an einem warmen Ort 1–1½ Stunden gehen lassen, bis sich das Teigvolumen verdoppelt hat.

6. Inzwischen den Backofen auf 220 °C vorheizen. Das Brot im vorgeheizten Ofen 5 Minuten backen. Die Ofentemperatur auf 200 °C reduzieren und das Brot weitere 20–25 Minuten backen, bis es goldbraun ist. Es ist durchgebacken, wenn es sich beim Klopfen gegen die Unterseite hohl anhört.

7. Auf einem Kuchengitter vollständig erkalten lassen.

Fit in die neue Woche

Wenn Sie Ihre Batterien gründlich wieder aufladen, fühlen Sie sich erfrischt, belebt und bereit für die neue Arbeitswoche. Viele von uns kennen das flaue Gefühl am Montagmorgen nur zu gut, aber seien Sie unbesorgt: Wir machen den Montagmorgen so erträglich wie nur möglich. Mit unserer köstlichen Auswahl an nährstoffreichen Säften, energiegeladenen Keksen und Powersnacks starten Sie garantiert auf dem richtigen Fuß in die neue Woche.

Es ist wichtig, die Woche in positiver Grundstimmung anzugehen. Wenn Sie früh aufstehen und gleich ein bisschen Sport treiben können, ist das eine gute Möglichkeit, den Kreislauf in Schwung zu bringen und Sie für den anstehenden Tag in die richtige Stimmung zu bringen.

Ein gesundes Frühstück sorgt für lebenswichtige Energie und ist ein guter Start in den Tag; außerdem verbessert es Leistung und Konzentration. Wenn Sie aber nicht gern frühstücken oder nur wenig Zeit haben, bevor Sie sich auf den Weg zur Arbeit machen müssen, kann eine unserer Energiebomben den knurrenden Magen in Schach halten und den Körper mit wichtigen Nährstoffen versorgen.

Wenn Sie einen Entsafter, eine Zitruspresse oder einen Standmixer besitzen, haben Sie alles, was Sie für einen raschen Energiekick am Morgen brauchen. Nahrhafte und köstliche Säfte und Smoothies sind schnell und einfach zubereitet und geben Ihnen Kraft für den kommenden Tag; es lohnt sich also, in ein vernünftiges Küchengerät zu investieren, wenn das Ihren Geschmack trifft.

Es gibt eine Vielzahl von Entsaftern und Zitruspressen in unterschiedlichen Qualitäten, Effizienzgraden und Preisen auf dem Markt, von einfachen Entsaftern bis hin zu semiprofessionellen, raffinierten, stilvollen Geräten. Dasselbe gilt für den Standmixer, der sich auch bei anderen Rezepten wie Suppen, Saucen etc. als sehr nützliches Utensil erweist.

Frisch gepresste Säfte (und auch einige Smoothies) sind köstlich und nährstoffreich, weil sie voller Obst und Gemüse stecken und damit reichlich Vitamine und Mineralien in den Körper bringen, mit denen Sie Ihre empfohlene Tagesration teilweise spielend decken können.

Wenn Sie also gute Ideen für schnelle, einfache Säfte als Wachmacher am Morgen brauchen, werden Sie hier fündig: Wir stellen Ihnen in diesem Kapitel den passend benannten und köstlichen Löwenzahn-Sunrise und den Turbolader vor. Wenn Sie nur einen Muntermacher brauchen, wird der erfrischende Trunk Verjüngt durch Minze im Handumdrehen Ihre Lebensgeister wieder wecken.

Wer sich nicht in der glücklichen Lage sieht, mit ausreichend Zeit in den Tag zu starten, kann auf unsere Energiekugeln mit Schokolade und Erdnussbutter zurückgreifen, die im Voraus zubereitet werden können und dringend benötigte Energie für den Tag liefern. Auch die Ingwer-Haferflocken-Kekse ohne Backen sind ein idealer Powersnack für unterwegs, wenn die Zeit knapp wird oder wenn Sie einen Muntermacher für später brauchen, um den ganzen Tag am Ball zu bleiben.

Löwenzahn-Sunrise

FÜR 1 PERSON
Vorbereitung: 10 Minuten
Keine Garzeit

25 g Löwenzahnblätter
50 g Grünkohlblätter, geputzt
200 ml Eiswasser
25 g Cashewkerne
½ EL Kokosbutter
1 EL Sonnenblumenkerne

1. Löwenzahn, Grünkohl und Wasser im Standmixer glatt pürieren.

2. Cashewkerne, Kokosbutter und Sonnenblumenkerne zufügen und alles glatt und cremig mixen. Sofort servieren.

Turbolader

FÜR 1 PERSON
Vorbereitung: 15–20 Minuten
Keine Garzeit

Fruchtfleisch von ½ Honigmelone, grob gehackt
1 Banane, geschält und geviertelt
1 Kiwi, geschält und geviertelt
120 g kernlose helle Trauben
1 kleine Handvoll Brunnenkresse
125 ml ungesüßte Reis-, Mandel- oder Sojamilch
1 kleine Handvoll gestoßene Eiswürfel (nach Belieben)

1. Melone, Banane, Kiwi, Trauben und Brunnenkresse im Standmixer fein pürieren.

2. Milch und Eis, falls verwendet, zufügen und alles glatt mixen.

3. Das Getränk in ein Glas füllen und sofort servieren.

Verjüngt durch Minze

FÜR 1 PERSON
Vorbereitung: 15 Minuten
Keine Garzeit

Fruchtfleisch von ½ Galia-Melone, in dicke Scheiben geschnitten

80 g Babyspinat, gewaschen und abgetropft

2 frische glatte Petersilienstängel

3 große frische Minzezweige, plus etwas mehr zum Garnieren

1 kleine Handvoll Eiswürfel (nach Belieben)

1. Melone, Spinat, Petersilie und 2 Minzezweige in der Zentrifuge oder Pressschnecke entsaften.

2. Falls verwendet, ein Glas zur Hälfte mit Eiswürfel füllen und den Saft darübergießen.

3. Mit dem restlichen Minzezweig garnieren und sofort servieren.

Ingwer-Haferflocken-Kekse ohne Backen

ERGIBT 8
Vorbereitung:
10–15 Minuten, plus Kühlen
Garzeit: 8–10 Minuten

50 g Butter
200 g Schlagsahne
1 gehäufter EL feine Erdnussbutter
3 EL Honig
1 EL gemahlener Ingwer
200 g grobe Haferflocken

1. Butter, Sahne und Erdnussbutter in einen Topf geben und unter gelegentlichem Rühren bei mittlerer Hitze langsam zum Kochen bringen. Die Temperatur leicht reduzieren und die Masse 5 Minuten köcheln lassen.

2. Die restlichen Zutaten in den Topf geben und verrühren.

3. Ein Backblech mit Backpapier auslegen. Acht esslöffelgroße Portionen von der Mischung abstechen und aufs Backpapier legen. Abdecken und mindestens 25 Minuten in den Kühlschrank stellen.

Energiekugeln mit Schokolade & Erdnussbutter

Wenn Ihre Reserven erschöpft sind, muntern diese köstlichen Energiekugeln Sie wieder auf. Sie lassen sich gut im Voraus zubereiten und sind daher ideal für alle, die wenig Zeit haben und morgens einen kleinen Energiekick brauchen können.

ERGIBT 8
Vorbereitung: 20 Minuten, plus Kühlen
Keine Garzeit

50 g abgezogene Mandeln
60 g Erdnussbutter
20 g ungesalzene Erdnüsse, grob gehackt
3 EL Leinsamen
30 g Zartbitterschokolade (80 % Kakaoanteil), fein gehackt
1 Prise Salz
1 TL Kakaopulver

---

1. Die Mandeln in eine Küchenmaschine geben und 1 Minute zerkleinern, bis sie grob gemahlen sind.

2. Erdnussbutter, Erdnüsse, Leinsamen und Schokolade mit einer Prise Salz in einer kleinen Schüssel verrühren. Das Mandelmehl bis auf 1½ Esslöffel zufügen. Gut vermischen, sodass ein feuchter Teig entsteht.

3. Restliches Mandelmehl und Kakaopulver auf einen Teller streuen und vermengen. Aus der Erdnussmischung eine esslöffelgroße Portion abstechen und diese mit den Handflächen zu einer Kugel rollen. In der Mandel-Kakao-Mischung wälzen und auf einen Teller legen. Auf diese Weise acht weitere Kugeln formen.

4. Abdecken und mindestens 30 Minuten in den Kühlschrank stellen. Sie halten sich gekühlt bis zu 2 Tage.

Register